Landpasteten

Köstliches aus Wild, Fisch und Fleisch

FRANCIS RAY HOFF

blv

Inhalt

PASTETEN
Seite 8

TERRINEN
Seite 30

PIES – WARME PASTETEN
Seite 54

QUICHES
Seite 80

SÜLZEN & MOUSSES
Seite 100

GALANTINEN
Seite 122

PIROGGEN
Seite 138

POTTINGS
Seite 156

DESSERTS
Seite 170

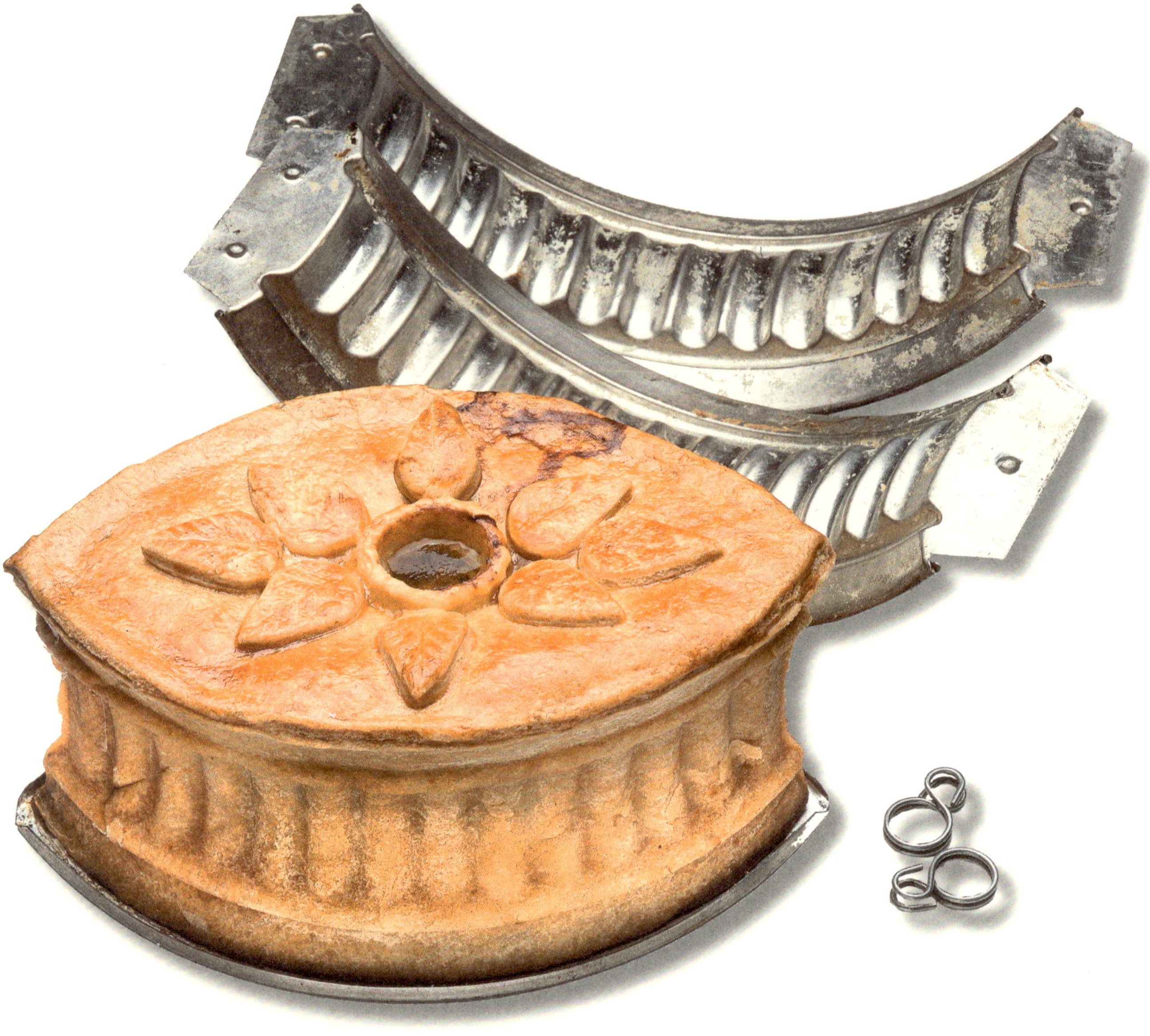

VORWORT

Wenn man die Kochbücher aus vergangenen Jahrhunderten durchblättert, hat man den Eindruck, dass es bei Pasteten eher um die Modellierung von Kunstwerken ging als um das schonende Backen von Fleisch- und Fischfarcen. Ob die Füllungen dadurch raffinierter wurden, ist jedoch fraglich!

Dabei ist der Sinn einer Pastete ganz einfach: Die Teighülle soll erstens die Haltbarkeit sichern und zweitens das Aroma konservieren. Heutzutage kann die moderne Kühltechnik für Haltbarkeit sorgen, aber das Versiegeln von Aroma und Geschmack unter einer Teighülle macht eine Pastete immer noch zu einem kulinarischen Erlebnis.

Wie wichtig diese Versiegelung ist, merkt man spätestens, wenn man eine angeschnittene Pastete am nächsten Tag probiert. Da hat sich schon ein ganz klein wenig von dem feinen Aroma verflüchtigt. Allein deswegen sollte man Pasteten lieber selbst backen und nicht scheibenweise im Feinkostladen erwerben.

Das Nächste, das einem bei den Standardwerken über Pastetenbacken auffällt, ist, dass die Rezepte übertrieben kompliziert sind. Unzählige Gewürze werden grammweise mit einer Apothekenwaage abgezählt, während Gänsestopfleber und Trüffeln in rauen Mengen hineingehäuft werden. Dagegen sind die Rezepte in diesem Buch möglichst einfach gehalten und können ohne Weiteres nachempfunden werden! Gewürze werden nicht durcheinandergemischt, für ein bestimmtes Rezept gibt es immer nur eine Geschmacksrichtung. Wenn die Pastete nach Thymian oder Majoran schmecken soll, dann nimmt man Thymian oder Majoran, ohne dass der Geschmack mit einem Dutzend anderer Kräutern konkurrieren muss!

Als ich anfing, Pasteten zu backen, bin ich ziemlich schnell auf eine Formel gekommen, die immer noch Gültigkeit hat. Man nehme, wie es so schön heißt, Wildbret oder Edelfische, weil sie einfach den feinsten Geschmack haben. Da Wild wenig Fett enthält, gibt man Gehacktes vom Schwein und Speck dazu und, damit die Farce nicht trocken wird, Zwiebeln oder Schalotten. Pilze und ein Stück Leber verleihen zusätzliches Aroma, und wenn man noch frische Wildkräuter dazunimmt, ist das eine runde Sache, die immer gelingt. Dann brauchen Sie nur noch eine geeignete Backform und können beginnen. Es gehört natürlich ein wenig Geduld dazu, aber das Ergebnis lohnt sich! Diese Landpasteten sind nicht nur fein im Geschmack, sie sind auch gehaltvoll und können durchaus als Hauptgericht aufgetischt werden.

Ein Purist wird sicher den Fond für Gelees selbst herstellen wollen, aber die fertigen Fonds, die in jedem Supermarkt angeboten werden, können ohne Gewissensbisse verwendet werden. Bei diesen Rezepten wurde nur Weizenmehl von Typ 405 verwendet. Um Farcen zu pürieren, werden Sie eine Küchenmaschine benötigen, um Terrinen zu schneiden, ist ein Elektromesser ratsam. Pastetenformen sowie Pipette (um austretende Kochflüssigkeit aus der Teighülle herauszuziehen) finden Sie im Fachhandel.

Also nichts wie ran und viel Spaß beim Kochen!

Francis Ray Hoff

Pasteten

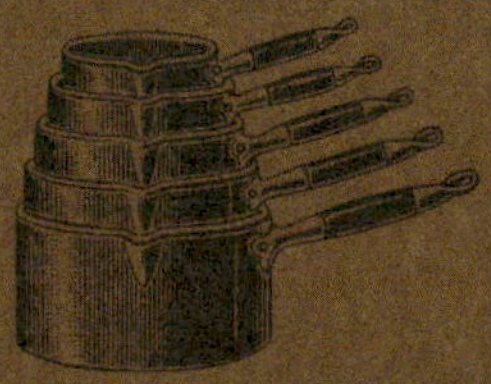

KÖSTLICHE FARCEN IM TEIG GEBACKEN

Pasteten sind feingewürzte Gerichte aus einer Farce aus Fleisch, Wild, Geflügel (auch Innereien wie Leber) oder Fisch, die in einer Teighülle gebacken werden. Sie sind nicht nur eine Augenweide auf dem Tisch, sondern sie zeigen sich auch kulinarisch von der besten Seite und setzen jedem Menü die Krone auf.

Pasteten

1_GRUNDTEIG

Die Grundlage für eine Pastete bildet der Teig. Ein Pastetenteig muss fest genug sein, um eine Fleischfarce zusammenzuhalten, und elastisch genug, um in eine Form gelegt zu werden. Zu viel Fett macht ihn brüchig, durch zu viel Wasser wird er steinhart und schlecht zu schneiden. Außerdem soll der Teig auch schmecken und nicht nur als Hülle dienen. Die Experten sind geteilter Meinung, ob der Teig am besten mit warmen oder kalten Zutaten hergestellt wird, aber in einem sind sie sich einig: Das Mehl muss frisch sein und darf nicht lange gelagert sein.

FÜR 1 PASTETE:

650 g Mehl (Typ 405)
150 g Butter
150 g Schweineschmalz
1 Ei
10–12 EL kaltes Wasser
3 Prisen Salz

A_ Das Mehl und Salz in eine Rührschüssel geben. Die Butter und das Schmalz in Würfel schneiden und mit dem Mehl zwischen den Fingerspitzen reiben, bis das Fett absorbiert ist.

B_ Das Ei und das Wasser nach und nach einarbeiten, dann den Teig auf einer bemehlten Oberfläche zu einem elastischen Kloß kneten. Mit Mehl bestäuben und mindestens eine halbe Stunde an einem kühlen Ort ruhen lassen. Der Teig kann nach Belieben mit Muskat, Pfeffer oder geriebenem Parmesan verfeinert werden.

C_ Die Pasteten, die hier abgebildet sind, wurden mit einem kalt gekneteten Teig zubereitet. Bei Enten- oder Gänsepasteten kann man statt der Mischung aus Butter und Schweineschmalz auch Gänseschmalz verwenden und bei einer Wildschweinpastete lohnt es sich, das Weiß der erlegten Sau zu nehmen.

D_ Die klassische ›pâte brisée‹ oder ›short crust pastry‹ wird nur mit Mehl, Fett und Wasser geknetet, aber man tut sich sehr viel leichter, wenn man ein Ei dazunimmt.

Hasenpastete

FÜR 6 PERSONEN:

1 Einheit Pastetenteig (siehe Seite 11)

1 Hasenrücken
150 g durchwachsener Räucherspeck in 8-mm-Scheiben
150 g milder Frühstücksspeck
1 Eigelb
etwas Sahne
Salz, Pfeffer aus der Mühle
Butterschmalz

FÜR DIE FARCE:
200 g schieres Rückenfleisch
200 g weißer Speck
100 g schieres Schweinefleisch
½ Hasenleber
1 Eigelb
8 Schalotten
6 EL Sahne
1 EL Steinpilzpulver
1 ½ EL scharfes Paprikapulver
Majoran
4 EL Pistazien
Salz, Pfeffer aus der Mühle

1_ Den Teig herstellen (siehe Seite 11) und an einem kühlen Ort ruhen lassen.

2_ Die innere Haut vom Rücken entfernen und die Filets auslösen. Zwei Filets in je 10 cm Länge von dem hinteren Ende des Rückens abschneiden, in Butterschmalz anbraten, salzen, pfeffern und abkühlen lassen.

3_ Für die Farce die Schalotten in Scheiben schneiden, in derselben Pfanne glasig braten und ebenfalls abkühlen lassen. 200 g Rückenfleisch in Streifen schneiden und in eine Schüssel legen. Das Schweinefleisch, die Leber und den weißen Speck in Streifen schneiden und dazugeben. Die abgekühlten Schalotten darüber verteilen und mit Salz, Paprika, Majoran und Steinpilzpulver würzen. Das Eigelb und die Sahne dazugeben, kurz kalt stellen und anschließend in der Küchenmaschine pürieren. Den Räucherspeck in Würfel schneiden und mit den Pistazien untermischen.

4_ Zwei Drittel des Teiges in einer 3 mm dicken Schicht ausrollen. Eine Pastetenform von 20 cm Länge mit Butter einfetten. Dann aus dem Teig ein Viereck, einige Zentimeter größer als die Form mit ihren vier Seiten, ausschneiden und der Länge nach in drei Teile falten. Ein Drittel fest gegen die Innenseite der Form drücken. Das zweite Drittel aufklappen, gegen den Boden der Form drücken und anschließend den restlichen Teig gegen die zweite Seite drücken. Zum Schluss den überschüssigen Teig in die Ecken falten und gegen die zwei Enden der Form drücken. Dabei dürfen keine Risse in der Teighülle entstehen.

5_ Den überhängenden Teig mit einer Küchenschere kürzen und die Teighülle bis zu einem Drittel mit der Farce füllen. Die Filetstücke mit Frühstücksspeck umwickeln, der Länge nach hineinlegen und mit Farce bedecken. Dabei einen Teigrand von 1 ½ cm Breite stehen lassen und die Farce in der Mitte leicht nach innen wölben, um die beim Backen austretende Flüssigkeit aufzufangen.

6_ Das Eigelb mit etwas Sahne verquirlen und den Teigrand damit einpinseln. Den restlichen Teig ausrollen, auf die Farce legen und am Teigrand festdrücken. Die überhängenden Reste mit einer Küchenschere abschneiden und in der Mitte des Deckels ein Dampfloch von 3 cm schneiden. Mit der Ei-Sahne-Mischung einpinseln und mit Teigresten dekorieren.

FÜR DAS GELEE:
2½ Päckchen gemahlene Gelatine (22 g)
400 ml Wildfond

7_ Zum Schluss einen Kamin aus Alufolie zusammenrollen, in das Dampfloch stecken und an die Seiten des Loches drücken. Die Pastete bei 220 °C Umlufthitze anbacken und etwa 70 Minuten bei 180 °C fertig backen. Von Zeit zu Zeit die austretende Flüssigkeit mit einer Pipette aus dem Dampfloch herausziehen. Sollte die Pastete zu viel Farbe annehmen, kann man sie mit Alufolie zudecken.

8_ Die gebackene Pastete über Nacht stehen lassen. Am nächsten Tag die Gelatine mit dem Wildfond unter ständigem Rühren in einem kleinen Topf erhitzen, bis sie völlig aufgelöst ist. Mit einem Trichter in das Dampfloch füllen und im Kühlschrank mindestens eine Stunde gelieren lassen.

9_ Die Form auseinandernehmen, die Pastete in Scheiben schneiden und mit geröstetem Weißbrot, Preiselbeeren oder Chutney servieren.

Für das Gelee zu diesem Gericht ist ein Hasenfond am geeignetsten, man kann aber selbstverständlich auch einen gemischten Wildfond verwenden.

A_ Die Form auf den ausgerollten Teig legen. Jeweils auf die Seite kippen, um die genaue Größe des Teiges zu ermitteln.

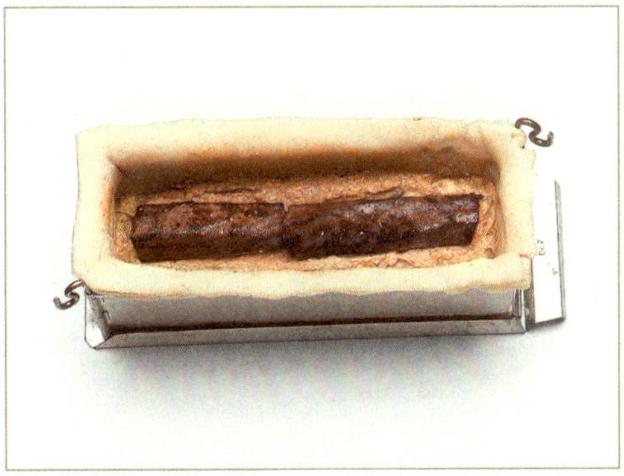

B_ Die angebratenen Filets in die Farce leicht eindrücken, damit kein Freiraum entsteht.

C_ Um austretende Flüssigkeit aufzufangen, die eingefüllte Farce in der Mitte leicht eindrücken.

D_ Den Kamin fest an die Seiten des Dampfloches drücken, damit keine Flüssigkeit ausläuft.

E_ Die fertige Pastete gut auskühlen lassen, bevor man die Gelatine dazugießt.

Rehpastete

FÜR 6 PERSONEN:

1 Einheit Pastetenteig (siehe Seite 11)

350 g ausgelöster Rehrücken
250 g Gehacktes vom Schwein
200 g durchwachsener Räucherspeck in 8-mm-Scheiben
100 g Rehleber (oder Kalbsleber)
100 g Champignons in kleine Würfel geschnitten
2 gehackte Zwiebeln
1 Eigelb
etwas Sahne
4 gehackte Wacholderbeeren
Thymian, Petersilie
Salz, Pfeffer aus der Mühle
Butter

FÜR DAS GELEE:

2½ Päckchen gemahlene Gelatine (22 g)
400 ml Wildfond

Die einfachste Art, eine Pastete zu backen, ist in einer normalen Kastenform. Wildbret vom Reh eignet sich besonders gut dazu, aber dieses Rezept kann mit jedem anderen Schalenwild genauso zubereitet werden.

1_ Den Teig herstellen (siehe Seite 11) und mindestens eine Stunde ruhen lassen.

2_ Das Wildbret in Würfel von 1½ cm Länge schneiden, in Butter anbraten und im Bratensaft abkühlen lassen. Den Speck in Würfel schneiden und mit dem Gehackten, den Zwiebeln, Champignons und dem Wacholder in eine Rührschüssel geben. Die Leber hacken und mit dem abgekühlten Rehfleisch dazugeben. Mit Salz, Pfeffer, Thymian und gehackter Petersilie würzen und alles gut vermischen.

3_ Eine Kastenform von 25 cm Länge mit Butter einfetten und zwei Drittel des Teiges in einer 3 mm dicken Schicht ausrollen. Ein Viereck, einige Zentimeter größer als die Form mit ihren vier Seiten ausschneiden, und der Länge nach in drei Teile falten. Ein Drittel fest gegen die Innenseite der Form drücken. Das zweite Drittel aufklappen, gegen den Boden der Form drücken und anschließend den restlichen Teig gegen die zweite Seite drücken. Zum Schluss den überschüssigen Teig in die Ecken falten und gegen die zwei Enden der Form drücken. Dabei dürfen keine Risse in der Teighülle entstehen.

4_ Die überhängenden Teigreste mit einer Küchenschere abschneiden und die Farce hineinlöffeln. Einen Teigrand von 1½ cm Breite frei stehen lassen und eine kleine Vertiefung in der Mitte eindrücken, damit die Kochflüssigkeit, die beim Backen entsteht, sich unter dem Dampfloch sammeln kann. Ein Eigelb mit etwas Sahne verquirlen und die Teigränder damit einpinseln. Den restlichen Teig ausrollen, über die Farce legen, an den Teigrändern festdrücken und die Ränder zurechttrimmen. In der Mitte ein Dampfloch von etwa 3 cm Durchmesser schneiden, den Deckel mit der Ei-Sahne-Mischung einpinseln und mit Teigresten dekorieren. Einen Kamin aus Alufolie rollen, in das Dampfloch stecken und an die Seiten des Loches drücken. Im Ofen bei 220 °C Umlufthitze anbacken und etwa 70 Minuten bei 180 °C fertig backen. In regelmäßigen Abständen die Kochflüssigkeit, die sich unter dem Dampfloch sammelt, mit einer Pipette herausziehen.

5_ Den Kamin entfernen und die Pastete über Nacht ruhen lassen. Die Gelatine in dem Fond erhitzen und unter ständigem Rühren auflösen, bis die Mischung ganz klar wird. Mit einem Trichter in das Dampfloch gießen, um den entstandenen Hohlraum zu füllen, dann mindestens eine Stunde im Kühlschrank gelieren lassen. Eine dünne Klinge entlang der Innenseiten der Form führen, um sicher zu sein, dass der Teig an keiner Stelle klebt, und die Pastete auf ein gefaltetes Tuch stürzen. In Scheiben schneiden und mit geröstetem Weißbrot oder Toast servieren.

Fasanenpastete

FÜR 6 PERSONEN:

1 Einheit Pastetenteig (siehe Seite 11)

1 abgehangener älterer Hahn
50 g Fasanenleber (oder Hühnerleber)
250 g Gehacktes vom Schwein
125 g durchwachsener Räucherspeck in 8-mm-Scheiben
2 Zwiebeln
6 hart gekochte Wachteleier
1 Ei, 1 Eigelb
35 g schwarze Trüffel
gehackte Petersilie
Majoran
etwas Sahne
Salz, Pfeffer aus der Mühle

FÜR DAS GELEE:
2 ½ Päckchen gemahlene Gelatine (22 g)
400 ml Geflügelfond

1_ Den Teig herstellen (siehe Seite 11) und mindestens eine halbe Stunde an einem kühlen Ort ruhen lassen.

2_ Dem Hahn die Haut abziehen und das Fleisch ohne Sehnen auslösen, in Würfel schneiden und mit dem Gehackten in eine Rührschüssel geben. Die Zwiebeln und die Leber hacken und mit dem Ei dazugeben. Den Speck und die Trüffel in Würfel schneiden und mit der Trüffelflüssigkeit dazugeben. Mit Salz, Pfeffer, Majoran und Petersilie würzen und gut vermischen.

3_ Eine Pastetenform von 24 cm Länge mit Butter einfetten, zwei Drittel des Teiges ausrollen, die Form damit auskleiden und den Teig fest in die Ecken und an die Wände drücken. Die überhängenden Ränder abschneiden. Die Hälfte der Farce hineinfüllen und die Wachteleier der Länge nach darauflegen. Die restliche Farce darüber verteilen und dabei einen 2 cm breiten Teigrand stehen lassen. Die Farce in der Mitte leicht eindrücken, ein Eigelb mit etwas Sahne verquirlen und die Ränder damit einstreichen.

4_ Den restlichen Teig ausrollen, über die Pastete legen, fest an den Teigrand drücken und die Ränder abschneiden. In den Deckel ein 3 cm großes Dampfloch schneiden und mit der Ei-Sahne-Mischung bestreichen. Einen Kamin aus gerollter Alufolie in das Loch stecken und von innen gegen den Teig drücken. Die Pastete bei 220 °C Umlufthitze 20 Minuten anbacken und etwa 70 Minuten bei 180 °C fertig backen. Von Zeit zu Zeit die sich sammelnde Flüssigkeit mit einer Pipette aus dem Dampfloch herausziehen.

5_ Die fertig gebackene Pastete über Nacht stehen lassen. Am nächsten Tag die Gelatine im Wildfond erwärmen und unter ständigem Rühren auflösen. Mit einem Trichter in das Dampfloch gießen, bis der entstandene Hohlraum gefüllt ist. Mindestens eine Stunde kalt stellen, dann die Pastete vorsichtig aus der Form nehmen. Mit Weißbrot und Salat servieren.

Perlhuhnpastete

FÜR 6 PERSONEN:

1 Einheit Pastetenteig (siehe Seite 11)

1 küchenfertiges Perlhuhn
50 g Geflügelleber
125 g gekochter Schinken in einer 8 mm Scheibe
1 EL getrocknetes Steinpilzpulver
6 Schalotten
2 Scheiben Weißbrot ohne Rinde
2 Eigelb
150 g Sahne
2 EL frisch geriebener Parmesan
Thymian
Salz, weißer Pfeffer
Butter

FÜR DAS GELEE:

2 ½ Päckchen gemahlene Gelatine (22 g)
400 ml Geflügelfond

1_ Den Teig herstellen (siehe Seite 11) und eine Stunde an einem kühlen Ort ruhen lassen.

2_ Die Schalotten in Scheiben schneiden, in Butter glasig braten und abkühlen lassen. Die Leber und den Schinken in Würfel, das Brot in Streifen schneiden.

3_ Das Perlhuhnfleisch auslösen, ein Drittel in Würfel von 1 cm und den Rest in Streifen schneiden. Die Streifen in eine Schüssel geben, die Brotstreifen und die abgekühlten Schalotten darüber verteilen, ein Eigelb dazugeben und mit Sahne (etwas zurückhalten) übergießen. Mit Salz, Pfeffer, Parmesan und Steinpilzpulver würzen und alles 15 Minuten kalt stellen. Anschließend in der Küchenmaschine zu einer feinen Farce pürieren. Zum Schluss die Leber-, Schinken- und Perlhuhnwürfel einrühren.

4_ Eine Springform von 17 cm Durchmesser mit Butter einfetten, zwei Drittel des Teiges ausrollen, einen Kreis von 32 cm Durchmesser ausschneiden, die Form damit auslegen und die Ränder mit einer Küchenschere abschneiden. Die Farce hineinfüllen und in der Mitte leicht eindrücken, sodass sich die austretende Flüssigkeit beim Backen unter dem Dampfloch sammelt. Etwas Thymian dazugeben.

5_ Das zweite Eigelb mit dem Rest Sahne verquirlen und die Teigränder damit einstreichen. Den restlichen Teig als Deckel ausrollen, auf die Farce legen und an den Teigrändern andrükken. Mit der Ei-Sahne-Mischung bestreichen, eventuell mit Teigresten dekorieren und in der Mitte ein Dampfloch ausschneiden. Einen Kamin aus Alufolie rollen, in das Loch stecken und an die Seiten des Loches andrücken.

6_ Die Pastete bei 220 °C Umlufthitze anbacken, etwa 70 Minuten bei 180 °C fertig backen und mehrmals die austretende Flüssigkeit mit einer Pipette aus dem Dampfloch herausziehen. Die Pastete über Nacht stehen lassen, dann die Gelatine im Geflügelfond erhitzen und unter ständigem Rühren auflösen. Mit einem Trichter in das Dampfloch gießen, bis der entstandene Hohlraum gefüllt ist. Mindestens eine Stunde kalt stellen, dann die Pastete vorsichtig aus der Form nehmen. Mit geröstetem Weißbrot, Cornichons und Kartoffelsalat servieren.

Kaninchenpastete

FÜR 8 PERSONEN:

1 Einheit Pastetenteig (siehe Seite 11)

2 Kaninchenkeulen
250 g Gehacktes vom Schwein
125 g gekochter Schinken
1½ Zwiebeln
10 g getrocknete Morcheln
1 Eigelb
etwas Sahne
gehackte Petersilie
Salz, Cayennepfeffer

FÜR DAS GELEE:
400 ml Geflügelfond
2½ Päckchen gemahlene Gelatine (22 g)

1_ Den Teig herstellen (siehe Seite 11) und mindestens eine Stunde an einem kühlen Ort ruhen lassen.

2_ Die Morcheln in etwas Wasser einweichen. Die Keulen auslösen, in Würfel von 15 mm Größe schneiden und mit dem Gehackten in eine Rührschüssel geben. Den Schinken ebenfalls in Würfel schneiden, die Zwiebeln hacken und dazugeben. Die größeren Morcheln halbieren und die Pilze dazugeben. Mit Petersilie, Salz und Cayennepfeffer würzen und die Masse gut vermischen.

3_ Eine klassische Pastetenform mit Butter einfetten, zwei Drittel des Teiges ausrollen, die Form damit auskleiden und den Teig fest in die Ecken und an die Wände drücken. Die überhängenden Ränder abschneiden. Die Farce hineinfüllen, dabei einen 2 cm breiten Teigrand stehen lassen. Die Farce in der Mitte leicht eindrücken, ein Eigelb mit etwas Sahne verquirlen und die Ränder damit einstreichen

4_ Den restlichen Teig ausrollen, über die Pastete legen, fest an den Teigrand drücken und die Ränder abschneiden. In den Deckel ein 3 cm großes Dampfloch schneiden. Den Deckel mit Teigresten dekorieren und mit der Ei-Sahne-Mischung bestreichen. Einen Kamin aus gerollter Alufolie in das Loch stecken und von innen gegen den Teig drücken. Die Pastete bei 220 °C Umlufthitze anbacken und bei 180 °C etwa 70 Minuten fertig backen. Von Zeit zu Zeit die sich sammelnde Flüssigkeit mit einer Pipette aus dem Dampfloch herausziehen.

5_ Die Pastete über Nacht stehen lassen. Am nächsten Tag die Gelatine im Geflügelfond erwärmen und unter ständigem Rühren auflösen. Mit einem Trichter in das Dampfloch gießen, bis der entstandene Hohlraum gefüllt ist. Mindestens eine Stunde kalt stellen, dann die Pastete vorsichtig aus der Form nehmen. In Scheiben schneiden und mit geröstetem Weißbrot und Salat servieren.

Wildpastete vom Blech

FÜR 6 PERSONEN:

1 Einheit Pastetenteig (siehe Seite 11)

200 g Wildschwein- oder Hirschkeule
75 g Wildleber (oder Kalbsleber)
100 g Gehacktes vom Hausschwein
100 g durchwachsener Räucherspeck in 8-mm-Scheiben
1 ½ Zwiebeln
2 EL getrocknete Steinpilzstückchen
15 mit Paprika gefüllte Oliven
1 Ei, 1 Eigelb
1 kleines Glas Rotwein
etwas Sahne
Petersilie
Majoran
Salz, Cayennepfeffer
Butter

FÜR DAS GELEE:
400 ml Wildfond
2 ½ Päckchen gemahlene Gelatine (22 g)

1_ Den Teig herstellen (siehe Seite 11) und eine Stunde ruhen lassen. Die Steinpilzstückchen in Rotwein einweichen.

2_ Die Wildschweinkeule und die Leber in Streifen schneiden, durch den Fleischwolf drehen und mit dem Gehackten vom Schwein in eine Rührschüssel geben. Die Zwiebeln hacken, den Speck in Würfel schneiden und mit dem Ei sowie den eingeweichten Steinpilzen samt Flüssigkeit unterrühren. Mit Salz, Cayennepfeffer, Majoran und Petersilie würzen und gut vermischen. Zum Schluss die Oliven dazugeben.

3_ Ein ausziehbares Backblech mit Butter einfetten, die Hälfte des Teiges ausrollen, einen Kreis von etwa 25 cm Durchmesser ausschneiden und mithilfe des Nudelholzes auf das Blech legen. Die Farce in die Mitte schichten, das Eigelb mit etwas Sahne verquirlen und die Ränder des Teiges damit einstreichen.

4_ Den restlichen Teig ausrollen. Einen zweiten Kreis ausschneiden und über die Farce legen, eng um die Seiten der Farce formen und an den Rändern des unteren Teigkreises festdrücken. Mit der Ei-Sahne-Mischung einstreichen, die Ränder umbiegen und mit den Zinken einer Gabel wieder festdrücken. In der Mitte ein Dampfloch schneiden, aus Alufolie einen Kamin rollen, hineinstecken und an den Seiten des Loches andrücken. Den Deckel mit Teigresten dekorieren, dann das Ganze bei 220 °C Umlufthitze 20 Minuten anbacken und etwa 75 Minuten bei 180 °C goldbraun fertig backen.

5_ Die Pastete über Nacht stehen lassen. Am nächsten Tag die Gelatine im Wildfond erhitzen und unter ständigem Rühren auflösen, mit einem Trichter in das Dampfloch füllen und zwei Stunden kalt stellen. In Scheiben schneiden und mit geröstetem Weißbrot und mariniertem Gemüse servieren.

Wildschweinpastete

FÜR 6 PERSONEN:

1 Einheit Pastetenteig (siehe Seite 11)

300 g Wildschweinkeule ohne Haut und Sehnen
250 g Gehacktes vom Hausschwein
1 Wildschweinfilet (das echte Filet unter dem Rückgrat)
150 g Wildschweinleber
einige Scheiben milder Frühstücksspeck
2 Zwiebeln
2 Scheiben Weißbrot ohne Rinde
1 Ei
2 Eigelb
etwas Milch
etwas Sahne
3 EL Pistazien
½ Bund Petersilie
Majoran
Salz, Pfeffer aus der Mühle
Butter

FÜR DAS GELEE:
2½ Päckchen gemahlene Gelatine (22 g)
400 ml Wildfond

1_ Den Teig herstellen (siehe Seite 11) und eine Stunde an einem kühlen Ort ruhen lassen.

2_ Das Fleisch der Keule und die Leber in Streifen schneiden, das Weißbrot würfeln und in etwas Milch einweichen. Alles zusammen durch den Fleischwolf drehen und mit dem Gehackten vom Hausschwein in eine Rührschüssel geben. Die Zwiebeln hacken, den Speck in Würfel schneiden und zusammen mit einem Ei und einem Eigelb zur Masse dazugeben. Mit Salz, Pfeffer, gehackter Petersilie und Majoran würzen, die Pistazien dazugeben und die Farce gut vermischen.

3_ Das Filet von allen Seiten in Butter anbraten, salzen, pfeffern, abkühlen lassen und in Frühstücksspeck einwickeln.

4_ Eine Pastetenform von 24 cm Länge mit Butter einfetten, zwei Drittel des Teiges ausrollen, die Form damit auskleiden und den Teig fest in die Ecken und an die Wände drücken. Die überhängenden Ränder abschneiden. Die Hälfte der Farce hineinfüllen und das Filet darauflegen. Die restliche Farce darüber verteilen und dabei einen 2 cm breiten Teigrand stehen lassen. Die Farce in der Mitte leicht eindrücken, ein Eigelb mit etwas Sahne verquirlen und die Ränder damit einstreichen.

5_ Den restlichen Teig ausrollen, über die Pastete legen, fest an den Teigrand drücken und die Ränder abschneiden. In den Deckel ein 3 cm großes Dampfloch schneiden und den restlichen Deckel mit der Ei-Sahne-Mischung bestreichen. Einen Kamin aus gerollter Alufolie in das Loch stecken und von innen gegen den Teig drücken. Die Pastete bei 220 °C Umlufthitze anbacken und etwa 70 Minuten bei 180 °C fertig backen. Von Zeit zu Zeit die sich sammelnde Flüssigkeit mit einer Pipette aus dem Dampfloch herausziehen.

6_ Die Pastete über Nacht stehen lassen. Am nächsten Tag die Gelatine im Wildfond erwärmen und unter ständigem Rühren auflösen. Mit einem Trichter in das Dampfloch gießen, bis der entstandene Hohlraum gefüllt ist. Dann mindestens eine Stunde kalt stellen. Die Pastete vorsichtig aus der Form nehmen und mit Weißbrot und einem Salat von grünen Bohnen servieren.

Entenpastete

FÜR 6 PERSONEN:

1 Einheit Pastetenteig (siehe Seite 11)

1 Wildente mit Leber (oder kleine Hausente)
175 g Gehacktes vom Schwein
150 g durchwachsener Räucherspeck in 8-mm-Scheiben
6 Schalotten
1 Ei, 1 Eigelb
etwas Sahne
1 Handvoll Totentrompeten
Thymian
Petersilie
Salz, Pfeffer aus der Mühle
Butter

FÜR DAS GELEE:
2½ Päckchen gemahlene Gelatine (22 g)
400 ml Enten- oder Geflügelfond

1_ Den Teig herstellen (siehe Seite 11) und eine Stunde an einem kühlen Ort ruhen lassen.

2_ Die Schalotten in Würfel schneiden, in Butter glasig braten und abkühlen lassen. Die Leber hacken und den Speck ebenfalls in Würfel schneiden.

3_ Der Ente die Haut abziehen. Das Fleisch auslösen, in 1 cm dicke Würfel schneiden und in eine Rührschüssel geben. Das Gehackte, die Leber, den Speck, die Totentrompeten, ein Ei und die abgekühlten Schalotten dazugeben. Mit gehackter Petersilie, Thymian, Salz und Pfeffer würzen und gut vermischen.

4_ Eine Springform von 17 cm Durchmesser mit Butter einfetten, zwei Drittel des Teiges ausrollen, einen Kreis von 32 cm ausschneiden, die Form damit füttern und die Ränder mit einer Küchenschere abschneiden. Die Farce hineinfüllen und in der Mitte leicht eindrücken, sodass sich die austretende Flüssigkeit beim Backen unter dem Dampfloch sammelt. Das Eigelb mit etwas Sahne verquirlen und die Teigränder damit einstreichen.

5_ Den restlichen Teig als Deckel ausrollen, auf die Farce legen und an den Teigrändern andrücken. Die überhängenden Reste abschneiden. Den Deckel mit der Ei-Sahne-Mischung bestreichen, eventuell mit Teigresten dekorieren und in der Mitte ein Dampfloch ausschneiden. Einen Kamin aus Alufolie rollen, in das Loch stecken und an die Seiten des Loches andrücken.

6_ Die Pastete bei 220 °C Umlufthitze etwa 10 Minuten anbacken, dann 70 Minuten bei 180 °C goldbraun fertig backen und mehrmals die austretende Flüssigkeit mit einer Pipette aus dem Dampfloch herausziehen. Über Nacht stehen lassen. Am nächsten Tag die Gela-ti-ne im Entenfond erwärmen, unter ständigem Rühren auflösen und mit einem Trichter in das Dampfloch gießen, bis der entstandene Hohlraum gefüllt ist. Mindestens eine Stunde kalt stellen und die Pastete vorsichtig aus der Form nehmen. Mit geröstetem Weißbrot, Cornichons und Chutney servieren.

7_ Als ebenfalls schmackhafte Variante kann man die Totentrompeten durch Pfifferlinge oder getrocknete Morcheln ersetzen.

Terrinen

LECKERES IN TON GEBACKEN

Terrinen sind nach dem gleichnamigen Gefäß aus gebranntem Ton benannt, in dem sie traditionell gebacken wurden. Es sind im Prinzip Pasteten ohne Teighülle, die anschließend mit Butter, Schmalz oder Gelee versiegelt werden. Dadurch sind die Rezepte etwas einfacher zuzubereiten als Pasteten und eine gute Wahl für den ersten Versuch eines weniger geübten Pastetenbäckers. Durch die kürzeren Backzeiten sind sie auch bestens für Fisch und Gemüse geeignet.

Hechtterrine mit Riesengarnelen

FÜR 4 PERSONEN:

500 g Hechtfilet ohne Haut
200 g Lachsfilet ohne Haut
2 Riesengarnelen
8 Schalotten
3 Scheiben Weißbrot ohne Rinde
2 Eier
250 g Sahne
Muskat
Salz, weißer Pfeffer
Butter

1_ Die Schalotten in Scheiben schneiden, in Butter glasig braten und abkühlen lassen.

2_ Das Hechtfilet und das Brot in Streifen schneiden und in eine Schüssel geben. Die abgekühlten Schalotten darüber verteilen, die Eier dazugeben und mit Sahne übergießen. Mit Salz, Pfeffer und etwas Muskat würzen und in der Küchenmaschine zu einer glatten Farce pürieren. Den Lachs in Würfel von 1 cm Länge schneiden, leicht salzen und ebenfalls untermischen.

3_ Eine Terrine von 20 cm Länge mit Butter einfetten und 2/3 der Farce einfüllen. Die Garnelenschwänze ausbrechen, salzen und der Länge nach hineinlegen. Mit der restlichen Farce auffüllen, glatt streichen, mit Alufolie zudecken und in einem heißen Wasserbad im Ofen 75 Minuten bei 189 °C Umlufthitze backen.

4_ Auf ein Brett stürzen, mit Klarsichtfolie zudecken und über Nacht stehen lassen. Am nächsten Tag in Scheiben schneiden, am besten mit einem Elektromesser, und mit einem grünen Salat servieren.

Bei einem Hecht gibt es immer das Problem der lästigen Gräten. Diese werde beim Pürieren eliminiert.

Lachsterrine

FÜR 6–8 PERSONEN:

900 g Lachsfilet
175 g geschälte Schalotten
4 Scheiben Weißbrot
250 g Sahne
1 Ei, 1 Eiweiß
25 g schwarze Trüffel
Muskat
Salz, Cayennepfeffer
Butter
Basilikum und Krevetten zum Garnieren

Diese Terrine kann man auch mit einem großen Zander oder Hecht zubereiten, aber mit Lachs ist sie eleganter.

1_ Die Schalotten in Scheiben schneiden, in Butter glasig braten und abkühlen lassen.

2_ Aus der oberen Hälfte des Lachsfilets ein Stück von etwa 175 g Gewicht und 20 cm Länge abschneiden und zur Seite stellen. Den restlichen Fisch in Streifen schneiden und in eine Schüssel geben.

3_ Die Rinde vom Brot entfernen, die Scheiben in Streifen schneiden und über den Lachsstreifen verteilen. Mit der Sahne übergießen, das Ei und die abgekühlten Schalotten dazugeben, mit Salz, Cayennepfeffer und Muskat würzen. Zum Schluss das Eiweiß steif schlagen und vorsichtig in die Farce rühren, dann 15 Minuten kalt stellen.

4_ Alles in der Küchenmaschine zu einer feinen Farce pürieren, die Trüffel in Würfel schneiden und vorsichtig einrühren. Eine Terrine von 20 cm Länge mit Butter einfetten und die Hälfte der Farce hineinlöffeln. Das zurechtgeschnittene Stück Lachsfilet hineinlegen, leicht nach unten drücken und mit der restlichen Farce auffüllen. Mit Alufolie zudecken und in einem heißen Wasserbad 75 Minuten im Ofen bei 180 °C Umlufthitze backen.

5_ Die fertig gebackene Terrine etwa 15 Minuten abkühlen lassen, auf ein Brett stürzen, mit Küchenfolie zudecken und über Nacht im Kühlschank stehen lassen.

6_ Zum Servieren am besten mit einem Elektromesser in Scheiben schneiden und mit Basilikum und Krevetten garnieren. Dazu schmecken Toast oder geröstetes Stangebrot und Mayonnaise.

Zanderterrine mit Räucherlachs

FÜR 6 PERSONEN:

300 g Zanderfilet ohne Haut
300 g Räucherlachs
1 ½ Zwiebeln
2 Scheiben Weißbrot ohne Rinde
200 g Sahne
½ Zitrone
1 Ei, 1 Eiweiß
1 Handvoll Basilikumblätter
Salz, weißer Pfeffer
Butter, Öl

1_ Die Zwiebeln in Scheiben schneiden, in Butter glasig braten und abkühlen lassen.

2_ Den Zander in Streifen schneiden und in eine Schüssel geben. Das Brot in Streifen schneiden, mit dem Ei und den abgekühlten Zwiebeln dazugeben. Mit Sahne und Zitronensaft übergießen, mit Salz und Pfeffer würzen, kurz kalt stellen und anschließend in der Küchenmaschine zu einer geschmeidigen Farce pürieren. Das Basilikum in feine Streifen schneiden und daruntermischen. Zum Schluss das Eiweiß steif schlagen und vorsichtig in die Farce rühren.

3_ Eine Terrinenform mit dem Räucherlachs auslegen, die Farce hineinfüllen und die Enden der Lachsscheiben über die Masse falten. Mit Alufolie zudecken und in einem Heißwasserbad im Ofen etwa 50 Minuten bei 180 °C Umlufthitze backen.

4_ Über Nacht stehen lassen, auf ein Brett stürzen und in Scheiben schneiden. Mit Toast und einem grünen Salat servieren.

Der Räucherlachs zu diesem Rezept darf nicht zu dünn geschnitten werden.

Wildleberterrine

FÜR 8 PERSONEN:

250 g Leber von Reh, Hirsch oder Wildschwein
Nieren von einem Reh
450 g Gehacktes vom Schwein
3 Scheiben durchwachsener Räucherspeck, 8 mm dick
1 Handvoll getrocknete Totentrompeten
2 Zwiebeln
1 Ei
gehackte Petersilie
Majoran
4 Lorbeerblätter
Salz, Pfeffer aus der Mühle
Butter

FÜR DAS GELEE:

2½ Päckchen gemahlene Gelatine (22 g)
400 g Wildfond

1_ Die Totentrompeten in Wasser einweichen. Die Leber in kleine Würfel schneiden und mit dem Gehackten und dem Ei in eine Schüssel geben. Die Zwiebeln hacken, die Nieren und den Räucherspeck in Würfel schneiden und dazugeben. Die Totentrompeten leicht ausdrücken und darüber verteilen, die Pilzflüssigkeit aufheben. Mit Salz, Pfeffer, Majoran und Petersilie würzen und gut vermischen.

2_ Eine Terrine mit Butter einfetten und mit der Farce füllen. Glatt streichen, mit Lorbeerblättern dekorieren und zudecken. In einem heißen Wasserbad im Ofen bei 180 °C Umlufthitze etwa 1½ Stunden backen. In den letzten 10 Minuten den Deckel abnehmen, damit die Terrine etwas Farbe bekommt.

3_ Die gebackene Terrine über Nacht stehen lassen. Am nächsten Tag die Gelatine im Wildfond erhitzen, unter ständigem Rühren auflösen, die Pilzflüssigkeit dazugeben und die Terrine damit übergießen. Alles im Kühlschrank gelieren lassen. Die Terrine mit geröstetem Weißbrot und Preiselbeeren servieren.

Die Form hat den Totentrompeten ihren Namen gegeben. Der 1 bis 12 cm große Hut ist hohl und trompetenartig (wellig) geformt.

Frischlingsterrine mit Haselnüssen

FÜR 6 PERSONEN:

300 g Frischlingsrücken
2 Frischlingsfilets (die echten unter dem Rückgrat)
150 g Frischlingsleber (oder Kalbsleber)
200 g Gehacktes vom Schwein
150 g durchwachsener Räucherspeck in 8-mm-Scheiben
1 ½ gehackte Zwiebeln
1 Ei
100 g geschälte Haselnüsse
3 gehackte Wacholderbeeren
Petersilie
Majoran
Salz, Pfeffer aus der Mühle
Butter, Butterschmalz

FÜR DAS GELEE:

2 ½ Päckchen gemahlene Gelatine (22 g)
400 ml Wildfond

1_ Die Filets in Butterschmalz braten, mit Salzen und Pfeffer würzen und im Bratenfond abkühlen lassen.

2_ Das Rückenfleisch und die Leber in Würfel, den Speck in kleinere Würfel schneiden. Mit dem Gehackten in eine Rührschüssel geben. Das Ei, die gehackten Zwiebeln und die Haselnüsse dazugeben. Mit Salz, Pfeffer, Petersilie, Majoran und Wacholder würzen und gut vermischen.

3_ Eine Terrinenform von 25 cm Länge mit Butter einfetten und die Hälfte der Farce einfüllen. Die abgekühlten Filets der Länge nach darauflegen und mit der restlichen Farce auffüllen. Zudecken und etwa 70 Minuten bei 180 °C Umlufthitze im Ofen backen. Für die letzten 10 Minuten den Deckel abnehmen. Die gebackene Terrine über Nacht stehen lassen.

4_ Die Gelatine im Wildfond erhitzen und unter ständigem Rühren auflösen. Die Terrine damit ausgießen und im Kühlschrank mindestens eine Stunde gelieren lassen. In Scheiben schneiden – am besten mit einem Elektromesser – und mit geröstetem Weißbrot und einem Salat von grünen Bohnen servieren.

Kaninchenterrine mit Totentrompeten

FÜR 6 PERSONEN:

300 g Kaninchenfilet ohne Haut und Sehnen
50 g Kaninchenleber
125 g milder Frühstücksspeck
1 ½ Zwiebeln
1 Tasse getrocknete Totentrompeten (oder frische Pfifferlinge)
1 Scheibe Weißbrot ohne Rinde
1 Ei, 1 Eigelb
200 g Sahne
2 gehäufte EL frisch geriebener Parmesan
Salz
1 EL eingemachter roter Pfeffer
Butter

1_ Die Totentrompeten in einem Teil der Sahne einweichen. Die Zwiebeln hacken, in Butter glasig braten und abkühlen lassen.

2_ Das Kaninchenfilet, die Leber und das Weißbrot in Streifen schneiden und in eine Schüssel geben. Die abgekühlten Zwiebeln mit dem Parmesan und den Eiern dazugeben. Die restliche Sahne mit der Sahne der Totentrompeten darüber gießen, salzen, etwa 10 Minuten kalt stellen, dann in der Küchenmaschine zu einer feinen Farce pürieren. Anschließend die Totentrompeten und den roten Pfeffer einrühren.

3_ Ein Terrine mit überlappenden Speckscheiben auslegen und die Farce einfüllen. Die überhängenden Enden der Speckscheiben über die Farce falten und mit einer Scheibe ganz zudecken. Mit dem Deckel schließen und in einem heißen Wasserbad bei 180 °C Umlufthitze etwa 75 Minuten im Ofen backen. Die ausgetretene Flüssigkeit abgießen, die Terrine auf ein Brett stürzen, abdecken und über Nacht stehen lassen.

4_ Mit einem Filetiermesser in Scheiben schneiden und mit geröstetem Weißbrot und einem gemischten Salat servieren.

Für dieses Rezept verwenden Sie am besten »bacon«, den man inzwischen in jedem Supermarkt bekommt.

Fasanenterrine mit Krevetten

FÜR 6 PERSONEN:

400 g Fasanenbrust ohne Haut und Sehnen
200 geschälte Krevetten
80 g geschälte Schalotten
2 Scheiben Weißbrot
3 gehäufte EL frisch geriebener Parmesan
2 Eier, getrennt
250 g Sahne
75 g gefrorene Erbsen
1 ½ EL frisch gezupfte Estragonblätter
Salz, Cayennepfeffer
Butter

1_ Die Erbsen auftauen und zur Seite stellen. Die Schalotten in Scheiben schneiden, in Butter glasig braten und abkühlen lassen.

2_ Die Fasanenbrust in Streifen schneiden und in eine Schüssel geben. Die Rinde vom Weißbrot entfernen, den Rest in Streifen schneiden und darüber verteilen. Die beiden Eigelb, den Parmesan und die abgekühlten Schalotten dazugeben. Mit Sahne übergießen, mit Salz und Cayennepfeffer würzen und 15 Minuten kalt stellen. Anschließend in der Küchenmaschine zu einer feinen Farce pürieren.

3_ Die Estragonblätter grob hacken, die Krevetten in Stücke schneiden und das Eiweiß steif schlagen. Alles in die Farce einrühren. Dann eine kleine Terrine mit Butter einfetten und die Farce hineinlöffeln. Nicht ganz bis zum Rand füllen, da die Masse etwas aufgeht. Zudecken und in einem heißen Wasserbad etwa 75 Minuten bei 180 °C Umlufthitze backen. Abkühlen lassen, die ausgetretene Flüssigkeit abgießen und auf ein Brett stürzen. Mit Küchenfolie zudecken und über Nacht stehen lassen.

4_ Mit einem Filetiermesser in Scheiben schneiden und mit Salat und geröstetem Weißbrot servieren. Wenn ein ganzer Fasan zur Verfügung steht, kann man auch die gebratenen Keulen und Flügel dazulegen.

Wachtelterrine

FÜR 4 PERSONEN:

4 Wachteln
200 g Gehacktes vom Schwein
2 Hähnchenlebern
100 g gekochter Schinken
50 g Champignons
1 ½ gehackte Zwiebeln
1 Eigelb
Petersilie
Oregano
frischer Rosmarin
Salz, Pfeffer aus der Mühle
Butter, 300 g Butterschmalz

1_ Die Wachtelkeulen abtrennen und die Brüste auslösen. Die Wachtelbrüste in Würfel schneiden, den Schinken und die Champignons fein würfeln, die Petersilie und 2 EL Rosmarin hacken.

2_ Das Wachtelfleisch mit dem Gehackten in eine Schüssel geben. Die Champignons, den Schinken, die Hähnchenlebern, die Zwiebeln und das Eigelb dazugeben. Mit Salz, Pfeffer, Petersilie, Rosmarin und Oregano würzen und gut vermischen.

3_ Die Keulen salzen, auf der Außenseite mit ca. 50 g Butterschmalz im Ofen leicht anbraten und abkühlen lassen. Eine Terrine mit Butter ausfetten, die Farce hineinfüllen und sechs Wachtelkeulen darauflegen. Zudecken, in den vorgeheizten Ofen schieben und die Terrine etwa 75 Minuten bei 180 °C Umlufthitze backen. In der letzten Viertelstunde den Deckel abnehmen und oben bräunen lassen.

4_ Die ausgetretene Flüssigkeit abgießen und die Terrine über Nacht stehen lassen. Etwa 250 g Butterschmalz mit etwas Rosmarin erhitzen und leicht abkühlen lassen. Die Terrine mit der flüssigen Rosmarinbutter versiegeln. Mit frischem Rosmarin dekorieren und im Kühlschrank stocken lassen. Mit Wachteleiern und Toast servieren.

In Italien, wo es noch wilde Wachteln gibt, brät man sie immer mit Rosmarin. Zu dieser Terrine passt er auch sehr gut.

Rebhuhnterrine

FÜR 8 PERSONEN:

3 Rebhühner
300 g Hühnerbrust
100 g Geflügelleber
150 g gekochter Schinken 8 mm dick
100 g geschälte Schalotten
1 Scheibe Weißbrot ohne Rinde
1 Ei, 2 Eigelb
200 g Sahne
4 EL Pistazien
Muskat
Salz, weißer Pfeffer
Butter

1_ Den Rebhühnern die Haut abziehen und das Fleisch auslösen. Die Brüste in Würfel von 2 cm, das restliche Fleisch, die Hühnerbrust sowie die Leber in Streifen schneiden. Die Fleischstreifen auf eine Platte legen und kalt stellen. Das Weißbrot in Streifen schneiden und den Schinken würfeln.

2_ Die Schalotten in Scheiben schneiden, in Butter glasig braten, salzen und abkühlen lassen. In derselben Pfanne die Brustwürfel leicht anbraten und ebenfalls abkühlen lassen.

3_ Die Schalotten, Brotstreifen, das Ei und die beiden Eigelbe über den Fleischstreifen und der Leber verteilen und mit Sahne übergießen. Mit Salz, Pfeffer und frisch geriebenem Muskat würzen und in der Küchenmaschine zu einer geschmeidigen Farce zerkleinern. Dann die Brustwürfel, den Schinken und die Pistazien einrühren.

4_ Eine Terrinenform mit Butter einfetten und die Farce einfüllen. Etwa 1 ½ Stunden bei 180 °C Umlufthitze backen, in der letzten ¾ Stunde die Terrine mit Alufolie zudecken.

5_ Über Nacht stehen lassen, dann auf ein Brett stürzen und in Scheiben schneiden. Mit Salat, Mayonnaise und Toast servieren.

Ententerrine mit Kumquat-Gelee

FÜR 6 PERSONEN:

1 Stockente
3 Entenlebern
175 g Gehacktes vom Schwein
150 g Räucherspeck
1 ½ Zwiebeln
150 g Steinpilze
150 g Kumquat-Orangen
1 Ei
1 EL grüner Pfeffer
Salz
Petersilie
frischer Thymian
Butter

FÜR DAS GELEE:

2 ½ Päckchen gemahlene Gelatine (22 g)
400 g Geflügelfond

1_ Die Haut der Ente von oben nach unten abziehen und das Fleisch in Würfel schneiden. Die Steinpilze und den Speck würfeln, Zwiebeln, Petersilie und Leber hacken. Mit dem Gehackten vom Schwein in eine Schüssel geben, das Ei dazugeben, mit Salz, Pfeffer und gezupften Thymianblättern würzen und gut vermischen.

2_ Eine Terrine von 25 cm Länge mit Butter einfetten und die Farce einfüllen. Mit Kumquatscheiben und Thymian belegen, zudecken und 75 Minuten bei 180 °C Umlufthitze im Ofen backen. In den letzten 10 Minuten den Deckel abnehmen. Die austretende Flüssigkeit abgießen und über Nacht stehen lassen.

3_ Die Gelatine im Geflügelfond unter ständigem Rühren bei mittlerer Hitze auflösen und leicht abkühlen lassen. Mit einem feinen Messer die Terrine von den Seiten der Kastenform lösen, die Gelatine darübergießen und einige Stunden im Kühlschrank stehen lassen. Die Seiten wieder vorsichtig von der Kastenform lösen, die Terrine stürzen und in Scheiben schneiden – am besten mit einem Elektromesser.

4_ Mit grünem Bohnensalat und Kumquats auf einer Platte anrichten und mit geröstetem Weißbrot servieren.

Kumquats geben der Terrine nicht nur einen feinen Orangengeschmack, sie sind auch sehr dekorativ.

Waldpilzterrine

FÜR 8 PERSONEN:

450 g Hühnerbrust (oder Fasanenbrust wenn möglich)
300 g geputzte Pfifferlinge
300 g geputzte Steinpilze
150 g gewürfelter gekochter Schinken
8 geschälte Schalotten
2 Scheiben Weißbrot ohne Rinde
1 Ei, 2 Eigelb
250 g Sahne
3 EL geriebener Parmesan
1 EL Steinpilzpulver
1 TL gemahlener Kümmel
Blattpetersilie
Salz, weißer Pfeffer
Butter

1_ Die Schalotten in Scheiben schneiden, in Butter glasig braten und abkühlen lassen. Die Pfifferlinge, bis auf einige zum Dekorieren, leicht anbraten, salzen, pfeffern, mit gehackter Petersilie bestreuen und abkühlen lassen. Die Steinpilze in Würfel von 1½ cm schneiden, leicht anbraten, salzen, pfeffern, mit Petersilie und etwas Kümmel bestreuen und ebenfalls abkühlen lassen.

2_ Die Hühnerbrust in Streifen schneiden und in eine Schüssel legen. Das Brot in Streifen schneiden und mit den abgekühlten Schalotten darüber verteilen. Mit Salz, Pfeffer, Parmesan und Steinpilzpulver würzen, dann das Ei und die Eigelbe sowie die Sahne dazugeben und etwa 10 Minuten kalt stellen. In der Küchenmaschine fein pürieren, dann die Pilze und die Schinkenwürfel einrühren.

3_ Eine 20 cm lange Terrine mit Butter einfetten, die Farce einfüllen und mit Alufolie zudecken. In einem Wasserbad etwa 75 Minuten backen und abkühlen lassen. Die ausgetretene Flüssigkeit abgießen und die Terrine auf ein Brett stürzen. Mit Küchenfolie zudecken und über Nacht im Kühlschrank stehen lassen.

4_ Mit einem Filetiermesser in Scheiben schneiden, auf eine Platte legen und mit Pfifferlingen dekorieren. Mit Toast und grünem Salat servieren.

Für diese Terrine kann man jeden Waldpilz verwenden. Es müssen aber mindestens zur Hälfte Steinpilze sein.

Pies
warme Pasteten

LECKERE RAGOUTS MIT TEIGDECKEL

Im Englischen ist das Wort »Pie« ein Begriff für sämtliche Gerichte, die mit Teig gebacken werden – von der kalten Pastete bis zur kleinen Pirogge, die aus der Hand gegessen wird. Dieses Kapitel ist den klassischen Pies mit Ragoutfüllung gewidmet, die mit Teigdeckel gebacken und warm gegessen werden.

Pies – warme Pasteten

2_GRUNDTEIG

Der Teig, der am besten für die Herstellung leckerer Pies geeignet ist und sich am einfachsten verarbeiten lässt, ist ein Quarkteig. Er zeichnet sich durch seine leichte Ausrollbarkeit ohne Kleben aus. Er ist besonders fein im Geschmack und verleiht den Pies das gewisse Etwas. Wie er zubereitet wird, erfahren Sie auf der folgenden Seite.

ZUTATEN FÜR EINE PIE FÜR 4 PERSONEN:

300 g Mehl
250 g Quark (20 %)
250 g kalte Butter
3 EL frisch geriebener Parmesan
2 Prisen Salz

A_ Die Butter in kleine Würfel schneiden und zusammen mit dem Quark in eine Rührschüssel geben.

B_ Mit einer Gabel oder dem Pürierstab vermischen, Salz, Mehl und Parmesan dazugeben, alles gut vermischen, kneten und zu einem Kloß formen.

C_ Den Teig auf einen bemehlten Teller legen und mindesten eine halbe Stunde an einem kühlen Ort ruhen lassen. Wenn der Teig nicht kalt genug ist, wird er auch zu weich sein, um gut bearbeitet zu werden. Dann kann man ihn einfach kurz ins Gefrierfach stellen.

Pigeon Pie

FÜR 4 PERSONEN:

1 Einheit Quarkteig
(siehe Seite 57)

4 Ringeltauben
125 g Frühstücksspeck
3 Zwiebeln
1 Stange Lauch
1 Scheibe Sellerie
2 kleine Petersilienwurzeln
1 Karotte
600 g rote Kidney-Bohnen aus der Dose
1 Glas Rotwein
2 kleine Thymianzweige
4 kleine rote Chilis
1 Eigelb
etwas Sahne
Salz, Pfeffer aus der Mühle
Butterschmalz

Die Jagdzeit für Tauben geht im November an und dieses Rezept ist ein ausgesprochenes Wintergericht. Wenn Sie es etwas sommerlicher gestalten wollen, können Sie den Rotwein durch Weißwein und etwas Sahne ersetzen und Erbsen statt Kidney-Bohnen verwenden.

1_ Den Teig herstellen (siehe Seite 57) und mindestens eine halbe Stunde an einem kühlen Ort ruhen lassen.

2_ Die Taubenbrüste auslösen und die Keulen abschneiden. Anschließend die Brüste und die Keulen von beiden Seiten in einer Pfanne mit Butterschmalz anbraten, bis sie etwas Farbe annehmen. Auf einen Teller legen, mit Salz und Pfeffer würzen und zur Seite stellen.

3_ Die Zwiebeln hacken, den Lauch in kleine Scheiben und den Sellerie in Würfel schneiden. In derselben Pfanne anbraten und mit Rotwein ablöschen. Die Taubenbrüste dazugeben, zudecken und zehn Minuten dünsten lassen. Dann den Deckel abnehmen, die Brüste aus der Pfanne nehmen und abkühlen lassen. Die Karotte und die Petersilienwurzeln schälen, in Scheiben schneiden und mit den abgetropften Kidney Bohnen dazugeben. Salzen und vermischen.

4_ Ein Quicheform mit Frühstücksspeck auslegen. Mit dem Gemüse auffüllen, die Taubenbrüste und -keulen, die Chilis und den Thymian dazulegen.

5_ Den Teig ausrollen, davon 3 cm breite Streifen abschneiden und rundherum auf den Rand der Form drücken. Das Eigelb mit etwas Sahne verquirlen und den Teigrand damit ein-

Eine Packung »bacon« ist genau ausreichend, um den Boden der Form zu bedecken.

Hier sieht man, wie die Teigstreifen auf dem Rand der Form aufliegen.

pinseln. Einen Kreis, etwas größer als die Form, ausschneiden und mithilfe des Nudelholzes auf die Form legen. Die Ränder andrücken und mit einer Küchenschere den überstehenden Teig abschneiden, wobei der Deckel 15 mm über den Rand stehen sollte.

6_ Den Deckel mit Teigresten dekorieren. In der Mitte ein Dampfloch schneiden und die Pie mit der restlichen Ei-Sahne-Mischung einpinseln. Etwa 1 Stunde bei 180 °C Umlufthitze goldbraun backen und mit Kartoffelpüree servieren.

Venison & Kidney Pie

FÜR 4 PERSONEN:

1 Einheit Quarkteig
(siehe Seite 57)

1250 g ausgelöster Rehrücken
Nierchen von 4 Rehen
350 g Egerlinge
100 g geschälte Schalotten
1 Glas Rotwein
1 Eigelb
etwas Sahne
Majoran
Petersilie
Salz, Pfeffer aus der Mühle
Butter

Steak & Kidney Pie ist eine klassische warme Pastete, die aus Reh- oder Hirschrücken zubereitet, besonders gut schmeckt.

1_ Den Teig herstellen (siehe Seite 57) und mindestens eine halbe Stunde an einem kühlen Ort ruhen lassen.

2_ Den Rehrücken in Würfel, die Nierchen jeweils in drei Scheiben schneiden. Die Schalotten in Scheiben schneiden und in Butter glasig braten. Die Fleischwürfel und die Nierchen dazugeben, Pilze in Scheiben schneiden und ebenfalls hinzufügen. Mit Salz, Pfeffer, Majoran und gehackter Petersilie würzen und mit Rotwein ablöschen. 15 Minuten dünsten lassen, die Mischung in eine Quicheform geben und abkühlen lassen.

3_ Den Teig ausrollen, davon 3 cm breite Streifen abschneiden und rundherum an den Rand der Form drücken. Das Eigelb mit etwas Sahne verquirlen und den Teigrand damit einpinseln. Einen Kreis, etwas größer als die Form, ausschneiden, mithilfe des Nudelholzes in die Form legen. Die Ränder andrücken und mit einer Küchenschere den überstehenden Teig abschneiden, wobei der Deckel 15 mm über den Rand stehen soll.

4_ Den Deckel mit Teigresten dekorieren. In der Mitte ein Dampfloch schneiden, den Pie mit der restlichen Ei-Sahne-Mischung einpinseln, etwa 1 Stunde bei 180 °C Umlufthitze goldbraun backen.

5_ Die Pie mit Salzkartoffeln servieren.

WAIDMANNSHEIL

Pie mit Hasenrücken

FÜR 4 PERSONEN:

1 Einheit Quarkteig (siehe Seite 57)

1250 g Hasenrücken
250 g durchwachsener Räucherspeck
1 große Zwiebel
½ Stange Lauch
1 Stange Staudensellerie
2 Petersilienwurzeln
2 EL getrocknete Steinpilze
¼ l Rotwein
⅛ l Fleischbrühe
1 Eigelb
etwas Sahne
Thymian
4 rote Chilis
Salz
Öl

1_ Den Teig herstellen (siehe Seite 57) und eine Stunde an einem kühlen Ort ruhen lassen.

2_ Die Steinpilze in etwas Rotwein einweichen. Den Speck in Streifen schneiden, mit etwas Öl anbraten und auf Küchenkrepp abtropfen lassen. Die Zwiebel hacken, den Lauch in Scheiben schneiden und gemeinsam anbraten, bis die Zwiebeln glasig werden. Den Hasenrücken in Würfel, den Staudensellerie und die Petersilienwurzeln in Scheiben schneiden und mit den Chilis dazugeben. Mit Salz und Thymian würzen und mit Rotwein und Brühe ablöschen. Dünsten lassen, bis das Fleisch fast mürbe ist. Dann in eine Quicheform geben, die Speckstreifen darüber verteilen und abkühlen lassen.

3_ Den Teig ausrollen, davon 3 cm breite Streifen abschneiden und rundherum auf den Rand der Form drücken. Das Eigelb mit etwas Sahne verquirlen und den Teigrand damit einpinseln. Einen Kreis, etwas größer als die Form, ausschneiden und mithilfe des Nudelholzes auf die Form legen. Die Ränder andrücken und mit einer Küchenschere den überstehenden Teig abschneiden, wobei der Deckel 15 mm über den Rand stehen sollte.

4_ Mit Teigresten den Deckel dekorieren. In der Mitte ein Dampfloch schneiden, die Pie mit der restlichen Ei-Sahne-Mischung einpinseln und etwa 1 Stunde bei 180 °C Umlufthitze goldbraun backen.

5_ Die Pie mit Schupfnudeln und Wintergemüse servieren.

Frischlingsfilet im Teigmantel

FÜR 4 PERSONEN:

1 Einheit Quarkteig (siehe Seite 57)

2 Frischlingsfilets à 250 g
125 g milder Frühstücksspeck
200 g Champignons
2 Zwiebeln
1 Eigelb
etwas Sahne
Petersilie
Majoran
½ TL gemahlener Kümmel
Salz, Pfeffer aus der Mühle
Butterschmalz

Dieses Rezept ist eine Variante zum klassischen Filet Wellington und kann genauso mit Reh-, Hirsch- oder Rinderfilet zubereitet werden. Nur wird das Fleisch statt in Blätterteig in Quarkteig eingewickelt.

1_ Den Teig herstellen (siehe Seite 57) und eine Stunde an einem kühlen Ort ruhen lassen.

2_ Die Filets mit Butterschmalz von allen Seiten anbraten, salzen, pfeffern und abkühlen lassen.

3_ Die Zwiebeln und den Frühstücksspeck hacken und glasig braten. Die Champignons in kleine Würfel schneiden und dazugeben. Mit Salz, Pfeffer, Kümmel und Majoran würzen. Den Saft der Filets dazugeben, die Flüssigkeit verdampfen lassen, gehackte Petersilie daruntermischen und abkühlen lassen.

4_ Die Hälfte des Teiges ausrollen, in der Mitte die Hälfte der Champignonmischung verteilen und ein Filet darauflegen. Das Eigelb mit der Sahne verquirlen, das Fleisch in den Teig einwickeln. Dabei die Naht und die Seiten mit der Ei-Sahne-Mischung verkleben. Das zweite Filet auf die gleiche Art einwickeln. Ein Blech mit Butter einfetten, beide Teigpakete mit der Ei-Sahne-Mischung einpinseln, mit der Naht nach unten darauflegen und kurz kalt stellen. Etwa eine Stunde im Ofen bei 180 °C Umlufthitze goldgelb backen.

5_ Die fertigen Filets in Scheiben schneiden und mit Schupfnudeln und grünem Gemüse servieren oder kalt, mit Cornichons und einem grünen Salat.

Der Teig muss relativ fest sein, da man sonst Probleme beim Einwickeln bekommt. Wenn nötig, etwas Mehl dazugeben.

Frischlingsrücken im Brotteig

FÜR 6 PERSONEN:

500 g ausgelöster Frischlingsrücken in 2 Stücken
350 g Egerlinge oder Champignons
6 Schalotten
100 g Parmaschinken
1 EL kalte Butter
gehackte Petersilie
Salz, Pfeffer aus der Mühle
Butter, Butterschmalz

FÜR DEN BROTTEIG:
500 g Roggenmehl
500 g Weizenmehl
2 Eier
1 ½ Würfel Hefe
1 l warmes Weißbier
6 Prisen Salz, 1 Prise Zucker
1 EL gemahlener Kümmel
etwas Kümmel, ungemahlen

1_ Am einfachsten ist es, ein Kilo Brotteig beim Bäcker zu bestellen. Man kann ihn aber auch selbst herstellen.

2_ Das Roggen- und Weizenmehl zusammen mit Hefe, Salz, Zucker und gemahlenem Kümmel in einer großen Rührschüssel vermischen, die Eier trennen, das Eiweiß dazugeben und das Eigelb aufheben. Das Weißbier dazugießen, alles gut vermischen, zu einem Klos kneten und an einem warmen Ort eine Stunde gehen lassen.

3_ Die Fleischstücke von allen Seiten in Butterschmalz anbraten, abkühlen lassen und mit Salz und Pfeffer würzen. Den Schinken mit kalter Butter in der Küchenmaschine fein zerkleinern, die Egerlinge grob zerkleinern. Die Schalotten hacken und in einer Pfanne mit Butter glasig braten, die Egerlinge dazugeben, leicht salzen, pfeffern und die Flüssigkeit verdampfen lassen. Abkühlen lassen und den Parmaschinken und die Petersilie einrühren.

4_ Den Brotteig ausrollen und in zwei Teilen mit dreiviertel der Pilzmischung bestreichen. Dann die Fleischstücke darauf legen und mit der Pilzmischung belegen. Mit dem Brotteig einwickeln und die Nahtstellen mit Eigelb verkleben.

5_ Mit den Nähten nach unten auf ein eingefettetes Blech legen, mit Wasser einpinseln, mit Kümmel bestreuen und bei guter Hitze eine Stunde backen, so dass sich eine schöne Kruste bildet. Abkühlen lassen, in Scheiben schneiden und lauwarm mit Kartoffelsalat servieren.

Hubertus-Pie

FÜR 4 PERSONEN:

1 Einheit Quarkteig (siehe Seite 57)

1250 g Hirschgulasch vom Blatt
250 g durchwachsener Räucherspeck
100 g geschälte Schalotten
100 g grüne Bohnen
2 mittelgroße Zwiebeln
¼ l Rotwein
¼ l Fleischbrühe
2 Karotten
2 Scheiben Sellerie
2 Petersilienwurzeln
2 EL getrocknete Steinpilze
1 TL Johannisbeergelee
1 Eigelb
etwas Sahne
1 Bund Majoran
Salz, Pfeffer aus der Mühle
Butterschmalz

1_ Den Teig herstellen (siehe Seite 57) und mindestens eine halbe Stunde an einem kühlen Ort ruhen lassen. Die Steinpilze in etwas Rotwein einweichen. Die Schalotten schälen, den Speck in Streifen schneiden und gemeinsam in einem Schmortopf mit etwas Butterschmalz anbraten. Aus dem Topf nehmen und zur Seite stellen.

2_ Die Zwiebeln hacken, im gleichen Topf glasig braten, das Gulaschfleisch dazugeben, anbraten und mit Wein und Brühe ablöschen. Die Steinpilze und die Petersilienwurzeln dazugeben, mit Salz, Pfeffer und Majoran würzen und etwa 80 Minuten dünsten, bis das Gulasch fast mürbe ist.

3_ Die Petersilienwurzeln und Majoran entfernen, das Fleisch in eine Quicheform geben, die Sauce mit Johannisbeergelee abschmecken, darüber gießen und abkühlen lassen.

4_ Die Bohnen putzen, in Salzwasser blanchieren, so dass sie noch etwas Biss haben und mit kaltem Wasser gut abschrecken. Die Karotten und den Sellerie in kleine Würfel von etwa 8 mm schneiden und mit Bohnen, Speck und Schalotten über dem Fleisch verteilen.

5_ Den Teig ausrollen, davon 3 cm breite Streifen abschneiden und rundherum auf den Rand der Form drücken. Das Eigelb mit etwas Sahne verquirlen und den Teigrand damit einpinseln. Einen Kreis, etwas größer als die Form, ausschneiden und mithilfe des Nudelholzes auf die Form legen. Die Ränder andrücken und mit einer Küchenschere den überstehenden Teig abschneiden, wobei der Deckel 15 mm über den Rand stehen soll. Den Deckel mit Teigresten dekorieren. In der Mitte ein Dampfloch schneiden, die Pie mit der restlichen Ei-Sahne-Mischung einpinseln, etwa 1 Stunde bei 180 °C Umlufthitze goldbraun backen und mit Salzkartoffeln servieren..

Es ist sicherlich sehr schön, den heiligen Hubertus mit einem Hirsch auf dieser warmen Pastete zu ehren, aber die Dekoration kann auch ganz einfach sein. Nur das Dampfloch darf nicht fehlen.

Shepherd's-Pie

FÜR 6 PERSONEN:

350 g Gehacktes vom Hirsch
350 g Gehacktes vom Hausschwein
200 g durchwachsener Räucherspeck
Püree von 1 kg Kartoffeln
500 g Wirsing
1 Karotte
3 Zwiebeln
2 Eier
2 Scheiben Weißbrot ohne Rinde
80 ml Hühnerbrühe
3 EL frisch geriebener Parmesan
Petersilie
Majoran
Muskat
Semmelbrösel
Salz, Pfeffer aus der Mühle
Butter

Die klassische Shepherd's Pie wird mit Lamm- oder Rindfleisch hergestellt. Es wird hauptsächlich als ›Resterlessen‹ betrachtet, aber mit Wildbret zubereitet, wird sie zu einem besonders feinen Gericht.

1_ Diese Pie kann mit Reh-, Gams-, Rind- oder Lammfleisch gleichermaßen zubereitet werden, statt Wirsing kann man der Fleischfarce gewürfeltes Gemüse, wie Erbsen, Karotten und Sellerie, beimischen.

2_ Das Weißbrot in Streifen schneiden und in etwas Wasser einweichen. Den Strunk vom Wirsing entfernen, den Rest in Streifen schneiden, in kochendem Wasser kurz blanchieren, ausdrücken und abtropfen lassen. Die Zwiebeln in Würfel schneiden und ein Drittel in einem Gemüsetopf mit Butter glasig braten. Den Wirsing dazugeben, mit Salz, Pfeffer und Muskat würzen und gut vermischen. Brühe dazugießen, 15 Minuten dünsten lassen und zur Seite stellen.

3_ Das Gehackte von Hirsch und Schwein mit den restlichen Zwiebeln, den Eiern und dem eingeweichten Weißbrot in eine Rührschüssel geben. Mit gehackter Petersilie, Salz, Pfeffer und Majoran würzen und gut vermischen.

4_ Eine Auflaufform mit Butter einfetten und die Farce hineinfüllen. Die Karotte in Scheiben schneiden und mit dem Wirsing darauf schichten. Das Kartoffelpüree mit Muskat und einem Stück Butter verfeinern und darüber verteilen. Mit Parmesan und Semmelbrösel bestreuen und etwa eine Stunde im Ofen bei 180 °C Umlufthitze backen.

Pie mit Hecht

FÜR 6 PERSONEN:

1 Einheit Quarkteig (siehe Seite 57)

1250 g Hechtfilet ohne Haut und Gräten
12–18 gekochte Edelkrebse
100 g geschälte Schalotten
150 g Crème fraîche
1 Eigelb
etwas Sahne
½ Bund Estragon
Salz, weißer Pfeffer
Butter

Warme Pies können mit jedem festen Fischfleisch zubereitet werden, so zum Beispiel auch mit Zander oder Wolfsbarsch.

1_ Den Teig herstellen (siehe Seite 57) und eine Stunde an einem kühlen Ort ruhen lassen.

2_ Den Fisch in Würfel scheiden, die Krebsschwänze ausbrechen und dazugeben. Die Schalotten in Scheiben schneiden und in einer großen Pfanne in Butter glasig braten.

3_ Die Pfanne von der Herdplatte nehmen, Crème fraîche, Hechtwürfel, Krebsschwänze und gehackte Estragonblätter dazugeben. Salzen, pfeffern, vorsichtig vermengen und die Mischung in eine Quicheform füllen.

4_ Den Teig ausrollen, einige Streifen davon abschneiden und rundherum an den Rand der Form drücken. Das Eigelb mit etwas Sahne verquirlen und den Teigrand damit einpinseln. Einen Kreis, etwas größer als die Form, ausschneiden und mithilfe des Nudelholzes auf die Form legen. Die Ränder andrücken und mit einer Schere die Teigreste abschneiden, wobei der Deckel 15 mm über den Rand stehen soll.

5_ Ein Dampfloch von etwa 3 cm Durchmesser in den Deckel schneiden, die Pie mit der Ei-Sahne-Mischung einpinseln und mit Teigresten dekorieren.

6_ Etwa 45 Minuten bei 180 °C Umluftthitze goldgelb backen und mit Salzkartoffeln und Erbsen servieren.

PETRI HEIL

Kaninchen-Pie mit Quitten

FÜR 4 PERSONEN:

1 Einheit Quarkteig (siehe Seite 57)

1 kg ausgelöster Kaninchenrücken
1 kg Quitten
250 g milder Frühstücksspeck
2 Zwiebeln
2 EL kräftige Hühnerbrühe
150 g Crème fraîche
1 Eigelb
etwas Sahne
einige Nelken
Zucker
Salz, roter Pfeffer
Butterschmalz

1_ Den Teig herstellen (siehe Seite 57) und eine Stunde an einem kühlen Ort ruhen lassen. Die Quitten halbieren, schälen, entkernen, in Scheiben schneiden und in kaltes Wasser legen.

2_ Die Rückenfilets in Stücke schneiden und in Butterschmalz anbraten, bis sie etwas Farbe annehmen. Aus der Pfanne nehmen, salzen und abkühlen lassen. Die Zwiebeln in Scheiben schneiden und im Bratensaft glasig braten. Die Quittenscheiben dazugeben, leicht zuckern, salzen, mit Brühe ablöschen und die Crème fraîche einrühren. Dünsten lassen, bis die Flüssigkeit fast verdampft ist, und ebenfalls abkühlen lassen. Eine Quiche- oder Auflaufform mit Frühstücksspeck auslegen, die Quitten dazugeben, die Kaninchenstücke darauf verteilen und mit rotem Pfeffer und Nelken würzen.

3_ Den Teig ausrollen und einen Deckel, etwas größer als die Form, ausschneiden. Die Ränder der Form mit Teigstreifen belegen, das Eigelb mit etwas Sahne verquirlen und die Streifen damit einpinseln. Mithilfe des Nudelholzes den Deckel auf die Form legen und an den Rändern festdrücken. Mit einer Küchenschere den überstehenden Teig abschneiden, wobei der Deckel 15 mm über den Rand stehen soll.

4_ Zwei Schlitze als Dampflöcher ausschneiden, die Pie mit der Ei-Sahne-Mischung einpinseln, eventuell mit Teigresten dekorieren, etwa eine Stunde bei 180 °C Umlufthitze goldbraun backen und mit Schupfnudeln servieren.

Kaninchenfleisch ist bekanntlich sehr mild im Geschmack, aber die Quitten verleihen einer klassischen englischen Rabbit Pie einen angenehm pikanten Beigeschmack.

Rebhuhn-Pie

FÜR 6 PERSONEN:

1 ½ Einheiten Quarkteig (siehe Seite 57)

3 abgehangene Rebhühner
125 g milder Frühstücksspeck
800 g Spitzkraut
800 g gekochte Salzkartoffeln
1 Zwiebel
⅛ l Hühnerbrühe
1 EL weißer Balsamicoessig
1 Eigelb
200 g Sahne
1 TL grüner Pfeffer
Thymian
Butterschmalz
Salz, Pfeffer aus der Mühle

Normalerweise rechne ich ein Rebhuhn pro Person, aber mit ihren vielen Zutaten reicht diese Pie ohne weiteres für sechs Personen.

1_ Den Teig herstellen (siehe Seite 57) und eine Stunde an einem kühlen Ort ruhen lassen.

2_ Die Rebhühner rupfen, die Keulen abtrennen, die Brüste auslösen, waschen und trockentupfen. Einen Bräter mit Butterschmalz einfetten, die Brüste und die Keulen hineinlegen, mit zerlassenem Butterschmalz übergießen und im Ofen bei guter Hitze anbraten, bis alles Farbe annimmt. Dann abkühlen lassen.

3_ Die Zwiebel in Scheiben schneiden und in einem Gemüsetopf mit Butterschmalz glasig braten. Das Spitzkraut vierteln, den Strunk entfernen, in Streifen schneiden und dazugeben. Mit Salz, grünem Pfeffer und Thymian würzen. Mit Brühe und Balsamicoessig ablöschen, zudecken und andünsten, bis das Kraut im Topf zusammensinkt. Dann abkühlen lassen.

4_ Eine größere Pie- oder Auflaufform mit Frühstücksspeck auslegen, die Kartoffeln in Scheiben schneiden und darauf verteilen. Mit der Hälfte der Sahne übergießen und das abgetropfte Kraut dazugeben. Die Rebhuhnstücke salzen, pfeffern und in einer Schicht darauflegen.

5_ Den Teig ausrollen und einen Deckel, etwas größer als die Form, ausschneiden. Die Ränder der Form mit Teigstreifen belegen, das Eigelb mit etwas Sahne verquirlen und die Streifen damit einpinseln. Mithilfe des Nudelholzes den Deckel auf die Form legen und an den Rändern festdrücken. Mit einer Küchenschere den überstehenden Teig abschneiden, wobei der Deckel 15 mm über den Rand stehen soll.

6_ Drei Schlitze als Dampflöcher ausschneiden, die Pie mit der Ei-Sahne-Mischung einpinseln und eventuell mit Teigresten dekorieren. Etwa 70 Minuten bei 180 °C Umlufthitze goldbraun backen und mit einem guten Burgunder servieren.

Lachs im Teigmantel

FÜR 6 PERSONEN:

1 ½ Einheiten Quarkteig (siehe Seite 57)

600 g Lachsfilet
300 g Zanderfilet
200 g Egerlinge
75 g geschälte Schalotten
gehackte Petersilie
frisches Basilikum
Salz, Pfeffer aus der Mühle
2 Eigelb
etwas Sahne
Butter

Die Pastete in Form eines Fisches sieht natürlich sehr hübsch aus, sie kann aber mit den gleichen Zutaten ohne Dekoration eingewickelt werden.

1_ Den Teig herstellen (siehe Seite 57) und eine Stunde an einem kühlen Ort ruhen lassen.

2_ Die Schalotten hacken und in Butter glasig braten. Die Egerlinge kurz in der Küchenmaschine zerkleinern, ohne dass sie zu einer Creme werden, und zu den Schalotten geben. Mit Salz, Pfeffer und Petersilie würzen und so lange köcheln, bis die Pilzflüssigkeit verdampft ist. Alles abkühlen lassen, Basilikum in Streifen schneiden und daruntermischen.

3_ Das Lachsfilet der Länge nach schräg durchschneiden, sodass es zwei gleichmäßige sich nach hinten verjüngende Stücke ergibt. Ein Backblech mit Butter einfetten. Zwei Drittel des Teiges ausrollen und ein Stück, etwas länger als die Filets und dreimal so breit, ausschneiden. Den Teig auf das Blech legen und mit der Schalotten-Pilz-Mischung bestreichen.

4_ Die Filets salzen und pfeffern und übereinander auf den Teig legen, mit dem Zander in der Mitte. Die Seiten und Enden des Teiges über die Filets in der Form eines Fisches ohne Flossen falten. Das obere Filet, das nicht ganz zugedeckt ist, mit der Schalotten-Pilz-Mischung bestreichen. Das Eigelb mit etwas Sahne verquirlen und die Teigränder damit einpinseln.

5_ Den restlichen Teig ausrollen, in der Form eines Fisches mit Schwanzflosse ausschneiden und die Filets damit zudecken. Maul, Auge und Flossen aus Teigresten formen und mit Eigelb am Fisch befestigen. Mit dem abgerundeten Ende eines Messers ein Schuppenmuster in den Teig drücken und den ganzen Fisch mit Eigelb einpinseln.

6_ Die Pastete bei mittlerer Hitze im Ofen etwa 75 Minuten bei 180 °C Umlufthitze goldbraun backen.

7_ Sie können die Pastete entweder warm mit grünen Bohnen und neuen Kartoffeln servieren oder kalt mit Bohnensalat und Mayonnaise.

Quiches

SALZIGE ›KUCHEN‹ RAFFINIERT BELEGT

Die französische Quiche hat eine gewisse Ähnlichkeit mit der englischen Pie, nur mit dem Unterschied, dass sie eine Teigschicht als Boden hat statt oben als Deckel. Die klassische Quiche Lorraine wird, wie so viele pastetenähnliche Gerichte, mit Speckstreifen zubereitet, aber mit Fisch, Meeresfrüchten und Gemüse lassen sich ebenfalls hervorragende Quiches zaubern.

Quiches

3_GRUNDTEIG

Da eine Quiche grundsätzlich mit einer Basis aus Sahne, Eiern und Käse gefüllt wird, darf der Teigboden nicht zu üppig sein. Deswegen wird die klassische Pâte brisée – eine französische Version unseres Mürbeteigs – ausschließlich mit Mehl, Butter und etwas Wasser hergestellt. Der Teig ist allerdings leichter zu verarbeiten, wenn man ein Ei dazugibt.

TEIG FÜR EINE QUICHE:

350 g Mehl
200 g kalte Butter
1 Ei
6 EL Wasser
2 Prisen Salz

A_ Das Mehl mit dem Salz in eine Rührschüssel geben, die Butter in Würfel schneiden und dazugeben.

B_ Die Butter mit dem Mehl zwischen den Fingern reiben, bis sie voll absorbiert wird. Das Wasser und das Ei dazugeben und den Teig zu einer elastischen Masse kneten.

C_ Etwas Mehl auf einen Teller streuen, den abgeflachten Teigkloß darauflegen, mit Mehl bestreuen und an einem kühlen Ort eine Stunde ruhen lassen.

Quiche mit Lachs

FÜR 4 PERSONEN:

1 Einheit Quicheteig (siehe Seite 83)

250 g Lachsfilet
2 Eier, 1 Eigelb
190 ml Sahne
80 g geriebener Emmentaler
1 Bund Schnittlauch
Salz, weißer Pfeffer
Butter

1_ Den Teig herstellen (siehe Seite 83) und an einem kühlen Ort eine Stunde ruhen lassen. Den Fisch in Stücke schneiden.

2_ Eine Quicheform mit Butter einfetten, den Teig ausrollen und einen Kreis, etwa 8 cm größer als die Form, ausschneiden. Die Form damit auslegen und den Teig am Boden und an den Rändern andrücken. Anschließend die überhängenden Teigreste mit dem Nudelholz abrollen.

3_ Den Teigboden mit einer Gabel in einem regelmäßigen Muster anstechen, ohne durchzustechen, und dann 15 Minuten in den Kühlschrank stellen. Den Teig mit einer eingefetteten Alufolie zudecken, die am Boden und Rand festgedrückt wird. Die Quiche im Ofen 15 Minuten anbacken, die Folie entfernen und weitere 10 Minuten backen, bis der Teig anfängt, Farbe anzunehmen. Dann kurz abkühlen lassen.

4_ Die Eier und das Eigelb mit der Sahne verquirlen, den geriebenen Käse einrühren und mit einer Prise Salz und Pfeffer würzen. Die Fischstücke salzen und pfeffern. Die angebackene Quiche mit der Eier-Sahne-Mischung auffüllen. Dabei einen Teigrand von 5 mm frei lassen. Die Lachsstücke darauf verteilen und im Ofen etwa 35 Minuten bei 180 °C Umlufthitze fertig backen. Mit Schnittlauch bestreuen und warm oder kalt mit einem Salat von grünen Bohnen servieren.

Beim Anbacken kann es passieren, dass sich der Teig nach oben wölbt. In dem Fall vorsichtig zurückdrücken.

Erst wenn der Boden Farbe angenommen hat, kann man die Eiercreme einfüllen.

Quiche mit Jakobsmuscheln

FÜR 4 PERSONEN:

1 Einheit Quicheteig (siehe Seite 83)

250 g Jakobsmuscheln
125 g milder Frühstücksspeck
2 Eier, 1 Eigelb
200 g Sahne
80 g geriebener Emmentaler
50 g grüne Keniabohnen
Salz
weißer Pfeffer,
Pfeffer aus der Mühle
Butter

1_ Den Teig herstellen (siehe Seite 83) und eine Stunde ruhen lassen. Die Bohnen blanchieren, kalt abschrecken, den Speck in Streifen schneiden und leicht anbraten. Die Jakobsmuscheln putzen.

2_ Eine Quicheform mit Butter einfetten, den Teig ausrollen und einen Kreis, etwa 8 cm größer als die Form, ausschneiden. Die Form damit auslegen und den Teig am Boden und an den Rändern andrücken. Die überhängenden Teigreste mit dem Nudelholz abrollen.

3_ Den Teigboden mit einer Gabel in einem regelmäßigen Muster anstechen, ohne durchzustechen, und dann 15 Minuten in den Kühlschrank stellen. Den Teig mit einer eingefetteten Alufolie zudecken, die am Boden und am Rand festgedrückt wird. Die Quiche im Ofen 15 Minuten anbacken, die Folie entfernen und weitere 10 Minuten backen, bis der Teig anfängt, Farbe anzunehmen, dann kurz abkühlen lassen.

4_ Die Eier und das Eigelb mit der Sahne verquirlen, den geriebenen Käse einrühren, mit einer Prise Salz und weißem Pfeffer würzen. Den Speck mit den Bohnen auf dem Teigboden verteilen und mit der Eier-Sahne-Mischung auffüllen. Dabei einen Teigrand von 5 mm frei lassen. Die Jakobsmuscheln salzen und pfeffern, darauflegen und die Quiche im Ofen etwa 35 Minuten bei 180 °C Umlufthitze fertig backen. Mit Baguette und einem grünen Salat servieren.

Für diese Quiche kann man auch Miesmuscheln verwenden. Die Jakobsmuscheln sind jedoch etwas feiner im Geschmack.

Quiche mit Krevetten

FÜR 4 PERSONEN:

1 Einheit Quicheteig
(siehe Seite 83)

150 g geschälte Krevetten
100 g grüne Spargelspitzen
(oder Thaispargel)
2 Eier, 1 Eigelb
190 ml Sahne
80 g geriebener
Emmentaler
Salz, Pfeffer aus der Mühle,
weißer Pfeffer
Butter

1_ Den Teig herstellen (siehe Seite 83) und eine Stunde ruhen lassen. Die Spargelspitzen 30 Sekunden in kochendem Salzwasser blanchieren, kalt abschrecken und abtropfen lassen.

2_ Eine Quicheform mit Butter einfetten, den Teig ausrollen und einen Kreis von etwa 8 cm größer als die Form ausschneiden. Die Form damit auslegen und den Teig am Boden und an den Rändern andrücken. Die überhängenden Teigreste mit dem Nudelholz abrollen.

3_ Den Teigboden mit einer Gabel in einem regelmäßigen Muster anstechen, ohne durchzustechen, und dann 15 Minuten in den Kühlschrank stellen. Den Teig mit einer eingefetteten Alufolie zudecken, die an Boden und Rand festgedrückt wird. Die Quiche im Ofen 15 Minuten anbacken, die Folie entfernen und weitere 10 Minuten backen, bis der Teig anfängt, Farbe anzunehmen; dann wieder abkühlen lassen.

4_ Die Eier und das Eigelb mit der Sahne verquirlen, den geriebenen Käse einrühren und mit einer Prise Salz und weißem Pfeffer würzen. Die angebackene Quiche mit der Eier-Sahne-Mischung auffüllen. Dabei einen Teigrand von 5 mm frei lassen. Die Krevetten mit Pfeffer aus der Mühle würzen, zusammen mit den Spargelspitzen auf der Quiche verteilen und im Ofen etwa 35 Minuten bei 180 °C Umlufthitze fertig backen. Die Quiche kann warm oder kalt mit Baguette und Spargel serviert werden.

Statt Krevetten kann man natürlich auch Riesengarnelen verwenden.

Quiche mit Zander

FÜR 4 PERSONEN:

1 Einheit Quicheteig (siehe Seite 83)

250 g Zanderfilet
100 g gefrorener Spinat
½ Zwiebel
2 Eier, 1 Eigelb
200 g Sahne
80 g geriebener Emmentaler
Muskat
Salz
weißer Pfeffer, Pfeffer aus der Mühle
Butter

1_ Den Teig herstellen (siehe Seite 83) und eine Stunde an einem kühlen Ort ruhen lassen. Den Spinat auftauen, den Fisch in Stücke schneiden.

2_ Eine Quicheform mit Butter einfetten, den Teig ausrollen und daraus einen Kreis, etwa 8 cm größer als die Form, ausschneiden. Die Form damit auslegen und den Teig am Boden und an den Rändern andrücken. Anschließend die überhängenden Teigreste mit dem Nudelholz abrollen.

3_ Den Teigboden mit einer Gabel in einem regelmäßigen Muster anstechen, ohne durchzustechen, und dann 15 Minuten in den Kühlschrank stellen. Den Teig mit einer eingefetteten Alufolie zudecken, die an Boden und Rand festgedrückt wird. Die Quiche im Ofen 15 Minuten anbacken, die Folie entfernen und weitere 10 Minuten backen, bis der Teig anfängt, Farbe anzunehmen; dann kurz abkühlen lassen.

4_ In der Zwischenzeit die Zwiebel hacken und in Butter glasig braten. Den Spinat dazugeben, mit Salz, Pfeffer und Muskat würzen und gut vermischen

5_ Die Eier und das Eigelb mit der Sahne verquirlen, den geriebenen Käse einrühren und mit einer Prise Salz und weißem Pfeffer würzen. Die Fischstücke salzen und pfeffern. Die angebackene Quiche mit der Eier-Sahne-Mischung auffüllen. Dabei einen Teigrand von 5 mm frei lassen. Die Fischstücke und den Spinat darauf verteilen und im Ofen etwa 35 Minuten bei 180 °C Umlufthitze fertig backen. Die fertige Quiche mit Baguette und Tomatensalat servieren.

Quiche mit Edelkrebsen

FÜR 4 PERSONEN:

1 Einheit Quicheteig
(siehe Seite 83)

250 g geschälte Edelkrebse
50 g gefrorene Erbsen
6–8 Schalotten
2 Eier, 1 Eigelb
200 g Sahne
80 g geriebener Emmentaler
Petersilie
Salz
weißer Pfeffer,
Pfeffer aus der Mühle
Butter

1_ Den Teig herstellen (siehe Seite 83) und eine Stunde an einem kühlen Ort ruhen lassen.

2_ Eine Quicheform mit herausnehmbarem Boden mit Butter einfetten, den Teig ausrollen und daraus einen Kreis, etwa 8 cm größer als die Form, ausschneiden. Die Form damit auslegen und den Teig am Boden und an den Rändern andrücken. Anschließend die überhängenden Teigreste mit dem Nudelholz abrollen.

3_ Den Teigboden mit einer Gabel in einem regelmäßigen Muster anstechen, ohne durchzustechen, und dann 15 Minuten in den Kühlschrank stellen. Den Teig mit einer eingefetteten Alufolie zudecken, die an Boden und Rand festgedrückt wird. Die Quiche im Ofen 15 Minuten anbacken, die Folie entfernen und weitere 10 Minuten backen, bis der Teig anfängt, Farbe anzunehmen; dann kurz abkühlen lassen.

4_ In der Zwischenzeit die Schalotten in Scheiben schneiden und in Butter glasig braten. Die Krebse und die gehackte Petersilie dazugeben, alles mit Pfeffer würzen und gut vermischen. Zum Schluss die gefrorenen Erbsen dazugeben.

5_ Die Eier und das Eigelb mit der Sahne verquirlen, den geriebenen Käse einrühren und mit einer Prise Salz und weißem Pfeffer würzen. Die angebackene Quiche mit der Eier-Sahne-Mischung auffüllen. Dabei einen Teigrand von 5 mm frei lassen. Die Krebse darauf verteilen und im Ofen etwa 35 Minuten bei 180 °C Umlufthitze fertig backen.

6_ Die fertige Quiche mit Baguette und einem grünen Salat servieren.

Quiche mit mariniertem Gemüse

FÜR 4 PERSONEN:

1 Einheit Quicheteig (siehe Seite 83)

8–10 flache Grillzwiebeln
1 große Karotte
100 g Keniabohnen
50 g Egerlinge
einige schwarze Oliven
1 Ei, 1 Eigelb
4 EL fein gemahlener Parmesan
90 ml heiße Milch
1/8 l Sahne
Salz, weißer Pfeffer
1 Päckchen gemahlene Gelatine (9 g)
500 g Trockenerbsen
Butter

FÜR DIE MARINADE:
1/4 l Hühnerbrühe
1/4 l Weißwein
Saft von 1 1/2 Zitronen
1 Tasse Olivenöl
Petersilie
Thymian
4 kleine rote Chilis
Salz

1_ Den Teig herstellen (siehe Seite 83) und eine Stunde an einem kühlen Ort ruhen lassen.

2_ Eine Quicheform mit herausnehmbarem Boden mit Butter einfetten, den Teig ausrollen und daraus einen Kreis, etwa 8 cm größer als die Form, ausschneiden. Die Form damit auslegen und den Teig am Boden und an den Rändern andrücken. Anschließend die überhängenden Teigreste mit dem Nudelholz abrollen.

3_ Den Teigboden mit einer Gabel in einem regelmäßigen Muster anstechen, ohne durchzustechen, und dann 15 Minuten in den Kühlschrank stellen. Den Teig mit einer eingefetteten Alufolie zudecken, die an Boden und Rand festgedrückt wird. Die Quiche im Ofen 15 Minuten anbacken, die Folie entfernen und weitere 10 Minuten backen, bis der Teig anfängt Farbe, anzunehmen. Mit Trockenerbsen füllen, etwa 35 Minuten »blind backen«, die Erbsen entfernen und abkühlen lassen.

4_ In der Zwischenzeit die Marinade mit allen Zutaten aufkochen und 15 Minuten sprudeln lassen. Die Kräuter entfernen, das Gemüse und die Pilze zurechtschneiden und nach und nach im Sud garen, wobei alles noch etwas Biss behalten sollte.

5_ Ei, Eigelb, Salz, Pfeffer, Parmesan und Gelatine in einem kleinen Topf verquirlen, die heiße Milch dazugeben und bei mittlerer Hitze zu einer glatten Creme verrühren. Die Masse abkühlen lassen, die Sahne schlagen und vorsichtig unterziehen. Den Teigboden damit füllen und in den Kühlschrank stellen, bis die Eiercreme fest wird. Zum Schluss mit dem marinierten Gemüse belegen und mit schwarzen Oliven dekorieren. Mit Baguette und dem möglicherweise übrig gebliebenen Gemüse servieren.

Den Teig zunächst mit Trockenerbsen füllen und ca. 35 Minuten »blind backen«.

Quiche mit Kaninchen

FÜR 4 PERSONEN:

1 Einheit Quicheteig (siehe Seite 83)

200 g Kaninchenfilet
100 g Räucherspeck
150 g Pfifferlinge
80 g frisch geriebener Emmentaler
2 Eier, 1 Eigelb
190 ml Sahne
Salz
weißer Pfeffer
Pfeffer aus der Mühle
Butter, Butterschmalz

1_ Den Teig herstellen (siehe Seite 83) und eine Stunde an einem kühlen Ort ruhen lassen.

2_ Den Speck in Streifen schneiden, die innere Haut von den Filets entfernen, diese in Scheiben schneiden, die Pfifferlinge putzen. Den Speck in einer Pfanne kross braten und auf Küchenkrepp abtropfen lassen. Die Kaninchenstücke in Butterschmalz anbraten, mit Salz und Pfeffer aus der Mühle würzen und abkühlen lassen.

3_ Eine Quicheform mit einem herausnehmbaren Boden mit Butter einfetten, den Teig ausrollen und einen Kreis, 8 cm größer als die Form, ausschneiden. Die Form damit auslegen und den Teig am Boden und am Rand festdrücken. Anschließend die überhängenden Teigreste mit dem Nudelholz abrollen.

4_ Den Teigboden mit einer Gabel in einem regelmäßigen Muster anstechen, ohne durchzustechen, und dann 15 Minuten in den Kühlschrank stellen. Den Teig mit einer eingefetteten Alufolie zudecken, die an Boden und Rand festgedrückt wird. Die Quiche im Ofen 15 Minuten anbacken, die Folie entfernen und weitere 10 Minuten backen, bis der Teig anfängt, Farbe anzunehmen; dann kurz abkühlen lassen.

5_ Die Eier und das Eigelb mit der Sahne verquirlen, den geriebenen Käse einrühren und mit einer Prise Salz und weißem Pfeffer würzen. Die angebackene Quiche mit der Eier-Sahne-Mischung auffüllen. Dabei einen Teigrand von 5 mm frei lassen. Die Kaninchenstücke, die Pfifferlinge und den Speck darauf verteilen und im Ofen etwa 35 Minuten fertig backen.

6_ Die Quicheform auf eine kleine Schüssel stellen und den Rand der Form nach unten ziehen, sodass die Quiche frei steht. Auf einer Platte anrichten und warm mit Salzkartoffeln und grünen Bohnen servieren – oder kalt mit geröstetem Weißbrot und einem grünen Salat.

Steinpilzgratin

FÜR 4 PERSONEN:

250 g Steinpilze (oder 20 g getrocknete Steinpilze)
1200 g Salatkartoffeln
200 g Sahne
1 EL frisch geriebener Parmesan
gemahlener Kümmel
Salz
Pfeffer aus der Mühle
Butter

1_ Die getrockneten Pilze einweichen.

2_ Die Kartoffeln schälen, in Scheiben von 2½ mm Dicke schneiden und in Wasser legen, damit sie sich nicht verfärben.

3_ Eine Quicheform mit Butter einfetten, mit einer Schicht Kartoffeln auslegen, salzen und pfeffern. Die Steinpilze putzen, in Scheiben schneiden und, bis auf einige zur Dekoration, darauflegen. Mit Salz, Pfeffer und einem Hauch gemahlenem Kümmel würzen. Die restlichen Kartoffeln darüber verteilen, mit Sahne übergießen, salzen, pfeffern und zum Schluss mit Parmesan bestreuen.

4_ Etwa eine Stunde im Ofen bei 160 °C backen. In der Zwischenzeit die restlichen Steinpilzscheiben in der Pfanne braten und vor dem Servieren zur Dekoration auf das Gratin legen.

Dieses Gratin ist eine gute Alternative zu einer Quiche. Das feine Aroma der Steinpilze überträgt sich bestens auf die Kartoffeln, die bei diesem Rezept am besten ohne Eier schmecken.

Sülzen und Mousses

KÖSTLICHKEITEN IN GELEE

Sülzen und Mousses sind Terrinen, die mit Gelee kalt angerührt und vor dem Servieren gestürzt werden. Die Rezepte in diesem Kapitel wurden alle mit gemahlener Gelatine zubereitet. Sie können jedoch auch mit Blattgelatine arbeiten. 1 Päckchen (9 g) gemahlene Gelatine entspricht 6 Blatt Blattgelatine.

Hirschsülze mit Wachteleiern

FÜR 8 PERSONEN:

500 g Hirschrücken (oder Tafelspitz)
8 Wachteleier
2 große Karotten
2 Scheiben Sellerie, 8 mm dick
100 g breite grüne Bohnen
70 g gefrorene Erbsen
5–6 EL weißer Balsamicoessig
frischer Majoran
Salz
8 weiße Pfefferkörner
3 Päckchen gemahlene Gelatine

1_ Die Bohnen in Rauten und das restliche Gemüse, bis auf die Erbsen, in kleine Würfel schneiden. Alles nach und nach in 1 ½ l Salzwasser mit weißen Pfefferkörnern blanchieren, sodass das Gemüse noch Biss hat. Dann kalt abschrecken und zur Seite stellen. Die Wachteleier hart kochen (5 Minuten) und ebenfalls kalt abschrecken.

2_ Den Hirschrücken, Majoran und Pfefferkörner in die entstandene Brühe geben und etwa 30 Minuten weich kochen. Das Fleisch abkühlen lassen und ebenfalls in kleine Würfel schneiden. Die Brühe abseihen und mit Essig abschmecken, in einen kleinen Topf gießen, die Gelatine dazugeben und unter ständigem Rühren erhitzen, bis sich die Gelatine völlig aufgelöst hat.

3_ Eine etwa sieben Millimeter dicke Schicht Gelee in eine Ringform gießen und im Gefrierfach gelieren lassen. Die Wachteleier und Bohnenrauten in einem Muster darauf anordnen, mit etwas Gelatine fixieren und wieder gelieren lassen. Das restliche Gemüse und die Fleischwürfel darüber schichten und mit flüssigem Gelee übergießen. Im Kühlschrank mindestens eine Stunde stehen lassen.

4_ Die Form kurz in ein Heißwasserbad stellen und die Sülze auf eine Platte stürzen. Mit geröstetem Weißbrot und Mayonnaise oder Meerrettichsahne servieren.

Wachteleier haben gerade die richtige Größe für diese Sülze.

Sülze von kaltem Rehbraten

FÜR 6 PERSONEN:

400 g kalter Rehbraten
250 g Mais aus der Dose
1 rote Paprika
einige breite grüne Bohnen
2 Scheiben Sellerie, 5 mm dick
3 Karotten
5 EL weißer Balsamico-Essig
1 kleines Bund Thymian
½ TL weiße Pfefferkörner
3 Päckchen gemahlene Gelatine

Wenn bei einem Rehbraten etwas übrig bleibt, kann man das kalte Wildbret bestens zu einer Sülze verarbeiten.

1_ Die Paprika und die grünen Bohnen in Rauten schneiden. Das Rehfleisch und das restliche Gemüse in kleine Würfel schneiden.

2_ Das Gemüse mit dem Thymian und den Pfefferkörnern in 1 ½ l Salzwasser nach und nach blanchieren und anschließend mit kaltem Wasser gut abschrecken.

3_ Den Gemüsesud abseihen, den Essig und die Gelatine hinzufügen, wieder erwärmen und umrühren, bis sich die Gelatine völlig auflöst. Abkühlen lassen und kurz vor dem Gelieren eine Ringform mit einer 7 mm Schicht ausgießen. Im Gefrierfach fest gelieren lassen. Mit Paprika- und Bohnenrauten auslegen, etwas Gemüse- und Fleischwürfel dazugeben, mit Gelatine übergießen und im Gefrierfach wieder gelieren lassen. Zum Schluss das restliche Fleisch und Gemüse dazugeben, mit Gelatine auffüllen und mindestens zwei Stunden im Kühlschrank erkalten lassen.

4_ Die Form einige Sekunden in ein Heißwasserbad tauchen und auf eine Platte stürzen. Mit Weißbrot und Salat servieren.

Rahmsülze mit Gemüse

FÜR 6 PERSONEN:

400 g Hühnerbrust
250 g grüner Spargel
150 g grüne Kenia-Bohnen
1 große Spitzpaprika
2 große Karotten
6 Schalotten
3 Scheiben Weißbrot ohne Rinde
2 Eier
250 g Sahne
Muskat
Salz, weißer Pfeffer
Butter
3 Päckchen gemahlene Gelatine

1_ Die Schalotten in Scheiben schneiden, in Butter glasig braten und abkühlen lassen. Die Bohnen putzen, die Spitzpaprika der Länge nach halbieren und die Kerne entfernen. Dann der Länge nach in Stifte schneiden. Die Karotten schälen und der Länge nach in Stifte schneiden. Die Hühnerbrust in 600 ml Salzwasser garen und abkühlen lassen. Spargel, Bohnen, Paprika und die Karotten nach und nach in der Brühe blanchieren, sodass das Gemüse noch etwas Biss behält.

2_ Die Hühnerbrust und das Weißbrot in Streifen schneiden und in eine Schüssel geben. Die abgekühlten Schalotten darüber verteilen, mit Sahne übergießen, die Eier dazugeben und mit Salz, Pfeffer und Muskat würzen. In der Küchenmaschine zu einer glatten Farce pürieren.

3_ Die Brühe abseihen, die Gelatine dazugeben und unter ständigem Rühren auflösen. Ein Viertel der flüssigen Gelatine in ein Viertel der Hühnerfarce einrühren. Eine Schicht von 1 cm in eine längliche Terrinenform füllen und im Gefrierfach gelieren lassen.

4_ Eine Schicht Spitzpaprika und Bohnen darauf verteilen, wieder mit Hühnerfarce und Gelatine bedecken und im Gefrierfach gelieren lassen. Anschließend mit Schichten von Karotten, Spargel und Gelatinemischung auffüllen und zwei Stunden im Kühlschrank stehen lassen.

5_ Die Terrine kurz in ein Heißwasserbad tauchen und auf ein Brett stürzen, in Scheiben schneiden – am besten mit einem Elektromesser – und mit Baguette und Basilikum-Mayonnaise servieren.

Mousse vom Zander

FÜR 6–8 PERSONEN:

800 g Zanderfilet
100 g geschälte Krevetten
100 g geschälte Schalotten
1 Zitrone
2 Eigelb
2 EL geriebener Parmesan
150 g Sahne
1 l Gemüsebrühe
1 Bund Estragon
1 Bund Petersilie
1 Döschen Safran (0,1g)
2 Päckchen gemahlene Gelatine
Salz
weißer Pfeffer
Butter

1_ Die Zanderfilets waschen und trockentupfen. Die gewaschenen Filets salzen, pfeffern, mit Gemüsebrühe dämpfen und erkalten lassen. Den Fischsud zurückhalten.

2_ Den Fisch in Streifen schneiden und die Hälfte der Menge in eine Schüssel geben. Die Schalotten in Scheiben schneiden, in Butter glasig braten und zur Hälfte über die Fischstreifen geben.

3_ Die Kräuter mit einem Eigelb und einem Löffel Sahne in der Küchenmaschine zerkleinern und über die Fischstreifen verteilen. Mit der Hälfte der Sahne und etwas Fischsud zerkleinern und durch ein Sieb streichen. Mit Salz, Pfeffer und Zitronensaft abschmecken.

3_ Die Gelatine in einer Tasse Fischsud unter ständigem Rühren erwärmen, bis sie sich vollständig auflöst. Zur Hälfte in die Fischfarce einrühren, die Mischung in eine Terrine oder Backform von 20 bis 24 cm Länge füllen und in den Kühlschrank stellen bis die Masse geliert ist.

4_ Die restlichen Fischstreifen in gleicher Art zerkleinern, mit Safran und Parmesan statt der Kräutermischung sowie der restlichen Gelatine vermischen, in die Form füllen und über Nacht gelieren lassen.

5_ Die Form für 30 Sekunden in ein Heißwasserbad stellen und die Mousse auf ein Brett stürzen. In Scheiben schneiden, mit Krevetten garnieren und mit geröstetem Weißbrot und Salat servieren.

Rahmsülze mit Hummer und Lachs

FÜR 6 PERSONEN:

300 g Seezungenfilets
200 g Lachsfilet
150 g Hummerfleisch, gekocht
600 ml Fischbrühe
30 g geschälte Schalotten
200 g Sahne
½ Zitrone
15 g schwarzer Trüffel
Salz
weißer Pfeffer
2 Päckchen gemahlene Gelatine
Butter

1_ Die Fischbrühe aufkochen und die Hitze reduzieren, bis die Brühe nur noch leicht köchelt. Die Seezungenfilets darin garen, in Streifen schneiden und in eine Schüssel geben.

2_ Das Lachsfilet in kleine Würfel schneiden und ebenfalls in der Brühe garen. Die Brühe abseihen und ein Viertel der Flüssigkeit in einen zweiten Topf geben und den Saft einer halben Zitrone hinzufügen. Die Trüffel würfeln und die Hummerstücke klein schneiden.

3_ Die Schalotten in Scheiben schneiden, in Butter glasig braten, abkühlen lassen und zu den Seezungenstreifen geben. Salzen, pfeffern und zusammen mit der Sahne in der Küchenmaschine zerkleinern.

4_ Die Gelatine in dem zweiten Topf quellen lassen und unter ständigem Rühren die Brühe erhitzen, bis sie völlig aufgelöst ist. Die Brühe in die Seezungenmischung einrühren, ein Viertel der Mischung in eine Terrinenform gießen und in den Kühlschrank stellen. Sobald die Schicht geliert ist, die Hummer-, Lachs- und Trüffelstücke darauf verteilen, die restliche Sülzemischung in die Form füllen und mindestens zwei Stunden im Kühlschrank stehen lassen.

5_ Die Form kurz in ein Heißwasserbad tauchen, die fertige Sülze auf ein Brett stürzen, mit einem Filetier- oder Elektromesser in Scheiben schneiden und mit Weißbrot, Rucolasalat und Mayonnaise (siehe Seite 138) servieren. Um die Mayonnaise leicht »erröten« zu lassen, kann man sie mit etwas Tomatenketchup verfeinern.

Mousse von heiß geräuchertem Lachs

FÜR 6–8 PERSONEN:

400 g heiß geräucherter Lachs
8 Schalotten
2 Scheiben Weißbrot ohne Rinde
1 Ei, 1 Eigelb
100 g Sahne
1 Döschen Safran (0,1 g)
Salz
Cayennepfeffer
Kerbel
Butter

Für die Gelatine:
1/4 l Weißwein
3/4 Tasse Fischbrühe
2 Päckchen gemahlene Gelatine

1_ Die Schalotten in Scheiben schneiden, in Butter glasig braten und abkühlen lassen.

2_ Den Lachs und das Weißbrot in Streifen schneiden und in eine Schüssel geben. Das Ei, das Eigelb und die Sahne dazugeben, die Schalotten darüber verteilen und mit etwas Salz, Cayennepfeffer und Safran würzen. Kurz in den Kühlschrank stellen und danach in der Küchenmaschine fein pürieren.

3_ 1 Päckchen Gelatine im Weißwein erwärmen und unter ständigem Rühren auflösen. Etwas flüssige Gelatine in eine Terrinenform gießen und in einem Kaltwasserbad schwenken, bis sie zu gelieren anfängt, dann kurz ins Gefrierfach stellen. Den Vorgang mehrfach wiederholen, bis sich eine 3 bis 4 mm dicke Schicht gebildet hat.

4_ Die restliche Gelatine in der Fischbrühe auflösen, mit dem pürierten Lachs vermischen und in die Form füllen. Die Form in den Kühlschrank stellen und 2 bis 3 Stunden stehen lassen. Anschließend etwa 30 Sekunden in ein Heißwasserbad stellen und die Mousse auf ein Brett stürzen.

5_ Mit Kerbel dekorieren und mit geröstetem Weißbrot servieren.

Lachs-Mousse *mit Kaviar*

FÜR 8 PERSONEN:

600 g Lachsfilet ohne Haut und Gräten
80 g geschälte Schalotten
3 Scheiben Weißbrot ohne Rinde
1 Ei, 1 Eigelb
1/4 l Weißwein
1/8 l Fischbrühe
150 g Lachskaviar
150 g Sahne
1 Döschen Safran (0,1 g)
2 1/2 Päckchen gemahlene Gelatine
1 Bund Basilikum
Salz, Cayennepfeffer
Butter

1_ Die Schalotten in Scheiben schneiden und in einem kleinen Bräter mit Butter glasig braten. Den Fisch mit Salz und Cayennepfeffer würzen, auf die Schalotten legen und etwa dreißig Minuten im Ofen garen. Abkühlen lassen und in Scheiben schneiden.

2_ Das Weißbrot in Streifen schneiden und den Lachs darüber verteilen. Das Ei, das Eigelb und die Sahne dazugeben und mit Safran nachwürzen. Die Mischung in der Küchenmaschine zerkleinern, durch ein Sieb streichen, gehacktes Basilikum einrühren und die Hälfte in eine zweite Schüssel geben.

3_ In einem kleinen Topf ein Päckchen Gelatine im Weißwein quellen lassen und anschließend unter ständigem Rühren erwärmen, bis sich die Gelatine aufgelöst hat. Etwas flüssige Gelatine in eine Ringform gießen und in einem Kaltwasserbad schwenken, bis die Gelatine zu gelieren anfängt. Diesen Vorgang mehrmals wiederholen, bis sich eine Schicht von 3 bis 4 mm Dicke gebildet hat.

4_ Die restliche Gelatine in der Fischbrühe auflösen, die Hälfte davon mit der Hälfte der Lachsmousse vermischen und in die Form füllen; dann in den Kühlschrank stellen.

5_ Den Lachskaviar kreisförmig in die Mitte der halb gelierten Mousse löffeln. Die übrige Gelatine mit der zweiten Hälfte der Mousse vermischen, die Form damit auffüllen und in den Kühlschrank stellen.

6_ Nach 2 bis 3 Stunden die Form für etwa 30 Sekunden im Heißwasserbad tauchen und die fertige Mousse auf eine Platte stürzen. Mit Kräutern, Kresse oder Wildem Spargel garnieren und mit geröstetem Weißbrot servieren.

Forellen-Mousse mit Gemüse

FÜR 6 PERSONEN:

700 g Forellenfilet
1 l Gemüsebrühe
40 g geschälte Schalotten
2 Karotten
1 rote Paprika
1 Bund Radieschen
1 gefüllte Olive
150 g Sahne
Muskat
Salz
weißer Pfeffer
Butter, Öl
5 Päckchen gemahlene Gelatine

1_ Die Filets mit Brühe dämpfen und kalt stellen. Zwei schöne Filetstücke zur Seite stellen und 250 g Forellenfleisch in Streifen schneiden. Die Schalotten in Scheiben schneiden, in Butter glasig braten, kalt stellen und über dem Fisch verteilen. Mit Salz, Pfeffer und Muskat würzen und mit etwas Brühe in der Küchenmaschine pürieren.

2_ Die Brühe abseihen, drei Päckchen Gelatine in einem halben Liter davon erwärmen und unter ständigem Rühren vollständig auflösen. Eine Fischform von etwa 30 cm Länge mit Speiseöl benetzen. Etwas flüssige Gelatine hineingießen, in einem Kaltwasserbad schwenken, bis die Flüssigkeit zu gelieren anfängt, dann kurz ins Gefrierfach stellen. Den Vorgang mehrmals wiederholen, bis sich eine Schicht von 3 bis 4 mm Dicke gebildet hat.

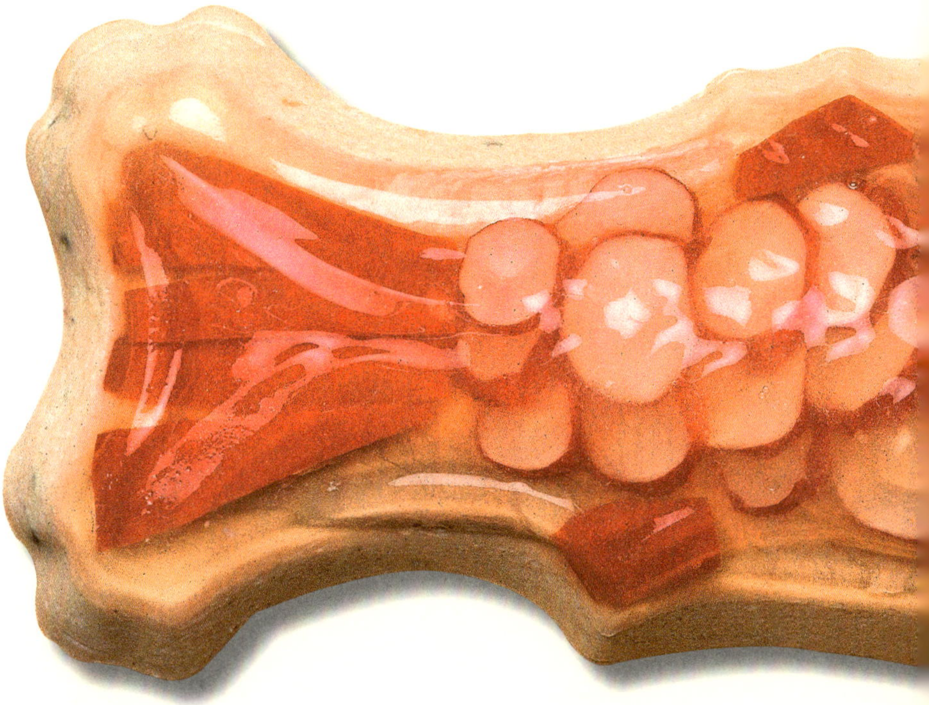

3_ Die Karotten in Würfel, die Paprika in Streifen schneiden und das Gemüse kurz blanchieren. Eine halbierte Olive auf das Auge legen, Karottenwürfel auf den Kiemen verteilen, Paprikastreifen auf die Flossen legen und Radieschenscheiben als Schuppen auf den Rumpf schichten.

4_ Die Sahne schlagen, mit der Fischfarce vermischen und abschmecken. 2 Päckchen Gelatine in 60 ml Brühe auflösen, abkühlen lassen und mit der Fischfarce vermischen. Die Hälfte der Farce auf das Gemüse füllen, ins Gefrierfach stellen und gelieren lassen. Die zwei übrigen Filets darauf betten, mit der restlichen Farce auffüllen und über Nacht im Kühlschrank stehen lassen.

5_ Die Form kurz in ein Heißwasserbad tauchen und auf ein Brett stürzen. Mit Baguette und Mayonnaise servieren.

Aal in Gelee

FÜR 4 PERSONEN:

1 kg Aal
2 Päckchen gemahlene Gelatine (18 g)
Salz

FÜR DIE BRÜHE:
1 ½ l Wasser
200 ml Weißweinessig
1 rote Zwiebel
1 Karotte
das Weiße von 2 Stangen Lauch
1 Stange Sellerie mit etwas Grün zum Garnieren
2 kleine Zitronen
2 TL Zucker
2 gehäufte TL Salz
etwas frischer Thymian
20 weiße Pfefferkörner

FÜR DAS ERBSENPÜREE:
700 g gefrorene Erbsen
8 Schalotten
75 g Sahne
2 Tassen frische Basilikumblätter
Salz
weißer Pfeffer
Butter

Eine Londoner Spezialität, die aus einer Zeit stammt, als Aale in der Themse im Überfluss vorhanden waren. Sie wurde traditionell mit einer Rindfleisch-Pie und Petersiliensauce serviert, aber sie schmeckt auch gut mit einem kalten Erbsenpüree.

1_ Den Aal mit Salz abreiben, um den Schleim zu entfernen. Beim Ausnehmen darauf achten, dass sämtliche bitter schmeckenden Nierenreste bis zum Aalpfropfen beseitigt wurden. In Stücke von 4 cm Länge schneiden. Bei einem großen Aal mit einem Holzhammer auf die Oberseite der Klinge klopfen, um das Rückgrat durchzutrennen.

2_ Das Gemüse klein schneiden und mit den Gewürzen, Kräutern, Zitronen und dem Essig in 1 ½ l Wasser aufkochen, dann 20 Minuten köcheln lassen. Die Zitronen und den Thymian entfernen, das Gemüse in der Brühe belassen.

3_ Die Aalstücke in der Brühe etwa 8 bis 10 Minuten vorsichtig garen und in eine Auflaufform mit etwas Gemüse legen. Die Brühe abseihen, abkühlen lassen und das Fett mit Küchenkrepp abschöpfen. Die Gelatine unter ständigem Rühren in der Brühe auflösen und abkühlen, aber nicht gelieren lassen. Über die Aalstücke gießen, mit Selleriegrün dekorieren und für mindestens zwei Stunden in den Kühlschrank stellen. Das Gericht mit Erbsenpüree und Toast servieren.

4_ Für das Erbsenpüree die Schalotten in Scheiben schneiden, in Butter glasig braten und abkühlen lassen. Die Erbsen in kochendem Wasser auftauen, abseihen und in eine Schüssel geben. Die Schalotten darüber verteilen und mit Salz, Pfeffer und gehacktem Basilikum würzen. Mit Sahne übergießen und in der Küchenmaschine pürieren.

Die Engländer nennen dieses Püree »mushy peas«.

Räucherlachs-Torte

FÜR 6–8 PERSONEN:

500 g Räucherlachs
300 g Crème fraîche
1 Bund Schnittlauch
Pfeffer aus der Mühle

FÜR DEN PFANNKUCHENTEIG:

100 g Mehl
1/8 l Milch
30 ml Wasser
2 Eier
1 Prise Salz
Butter zum Braten

Dieses Rezept eignet sich sehr gut als elegante Vorspeise.

1_ Die Zutaten für den Pfannkuchenteig in eine Rührschüssel geben, gut verquirlen und eine halbe Stunde stehen lassen.

2_ Sechs Pfannkuchen von etwa 18 cm Durchmesser in Butter herausbacken und kalt werden lassen.

3_ Einen Pfannkuchen auf eine Platte legen, mit Räucherlachs belegen, pfeffern, mit Crème fraîche bestreichen und Schnittlauchröllchen darüberstreuen. Die restlichen Pfannkuchen und den Räucherlachs in gleicher Weise darüber schichten und zum Schluss mit Crème fraîche und Schnittlauch dekorieren.

4_ Eine halbe Stunde stehen lassen, dann mit Rucolasalat und Weißbrot servieren.

Für das Rezept verwenden Sie am einfachsten fertigen Räucherlachs. Es kann aber auch selbst geräucherter Lachs verwendet werden.

Galantinen

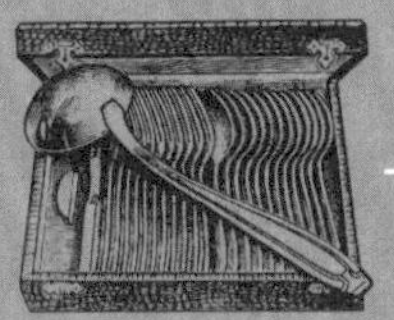

LECKERES WILD MIT FARCEN GEFÜLLT

Galantinen gehören zur hohen Schule der Pastetenkunst. Sie werden aus entbeintem Geflügel oder Fisch zubereitet und mit feinen Farcen gefüllt. Sie verlangen vom Koch eine gewisse Fingerfertigkeit – dafür sind sie etwas Besonderes! Klassische Galantinen werden in Brühe gegart. Die hier beschriebenen Rezepte werden jedoch langsam im Ofen gebraten.

Wildenten-Galantine

FÜR 6 PERSONEN:

1 Stockente
220 g Entenbrust von Wild- oder Hausente
3 Entenlebern
80 g schieres Schweinefleisch
120 g durchwachsener Räucherspeck
50 g geschälte Schalotten
1 Ei
25 g schwarze Trüffel
Thymian
Salz
Pfeffer aus der Mühle
Butter, Butterschmalz
400 g Geflügelfond
2½ Päckchen gemahlene Gelatine

Stockente entbeinen (siehe Seite 126)

1_ Die Schalotten in Scheiben schneiden, in Butter glasig braten und abkühlen lassen. Den Speck, das Schweinefleisch und 100 g Entenbrust in Streifen schneiden und in eine Schüssel geben. Die abgekühlten Schalotten darüber verteilen, das Ei dazugeben und mit Salz, Pfeffer und Thymian würzen, dann kalt stellen.

2_ Die Lebern und drei 2 cm breite Streifen Brustfleisch in Butter anbräunen und mit Salz und Pfeffer würzen. Die kalt gestellten Fleischstreifen mit etwas Trüffelsaft und Geflügelbrühe in der Küchenmaschine fein pürieren und mit gewürfelten Trüffelstücken fertig mischen.

3_ Die entbeinte Ente (siehe Seite 126) von beiden Seiten salzen und auf der Innenseite mit der Farce bestreichen. Die gebräunten Bruststreifen und Leberstücke darauf legen und die Galantine rollen, sodass die Haut am Halsende die Rolle eng abschließt. In durchsichtige Backfolie einwickeln und fest binden. In einem Bräter mit Butterschmalz bei mehrfachem Drehen etwa 1½ Stunden im Ofen braten. Dann die Backfolie entfernen und über Nacht stehen lassen. Die fertige Galantine kann mit Gelee oder Chaudfroidsauce überzogen werden, wobei Gelatine fast schöner aussieht und noch erkennen lässt, was darunter steckt.

4_ Die Gelatine mit dem Geflügelfond unter ständigem Rühren erhitzen, bis sie völlig aufgelöst wird. Die Galantine auf einen Rost stellen und damit mehrfach übergießen. Zwischendurch die Gelatine wieder erhitzen. Die Galantine mit einem Elektromesser in Scheiben schneiden und mit geröstetem Weißbrot, Cornichons und Salat servieren.

Die eingerollte Galantine in Backfolie einwickeln und fest binden.

Die fertige Galantine lässt sich am einfachsten mit einem Elektromesser zerteilen.

Wildente zerlegen und entbeinen

A_ Die Flügelhaut durch die Mitte bis zum Gelenk schneiden. Das Gelenk durchbrechen und zwischen den Knochen die Außenhälften der Flügel abtrennen. Nicht abhacken oder abzwicken, weil dadurch scharfe Splitter entstehen, an denen man sich verletzen kann.

B_ Die Ruder abbiegen und zwischen den Knochen der Gelenke die Füße abschneiden.

C_ Zum Schluss den Kragen kurz vor dem Rumpf durchtrennen. Wenn man möchte, ist die Ente damit fertig zum Einfrieren.

D_ Vorsichtig rupfen damit die Haut intakt bleibt. Den Bürzel abschneiden, Innereien und Kropf entfernen, waschen und trockentupfen.

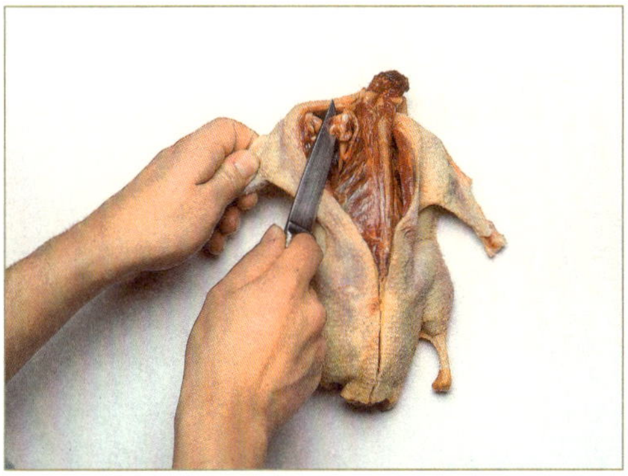

A_ Die Haut entlang dem Rückgrat aufschneiden. Dann vorsichtig entlang dem Knochengerüst schneiden, die Schulterblätter entfernen und die Schlüsselbeine von den Flügelgelenken ablösen.

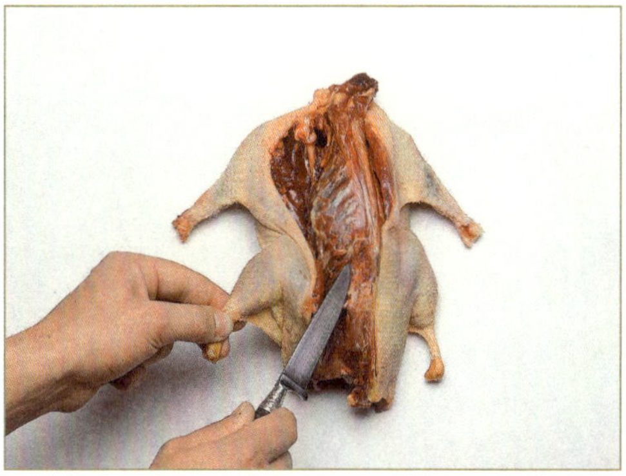

B_ Die Haut und Sehnen von den Flügeln und Keulen umschneiden, das Fleisch von den Flügeln und Keulenknochen wegschaben und die Knochen nach innen durchziehen.

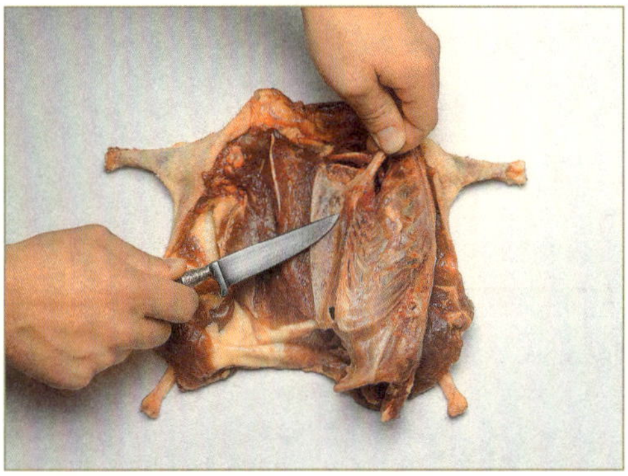

C_ Vorsichtig entlang dem Brustbein schneiden, um die eng angewachsene Haut abzutrennen, ohne sie zu verletzen. Anschließend die Karkasse auslösen.

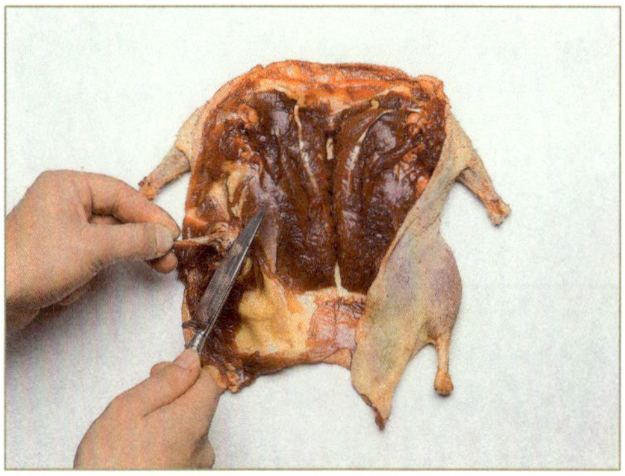

D_ Die Schlüsselbeine entfernen, die Hüftgelenke mit den Fingern ertasten und die Oberschenkelbeine vom Gerüst abtrennen.

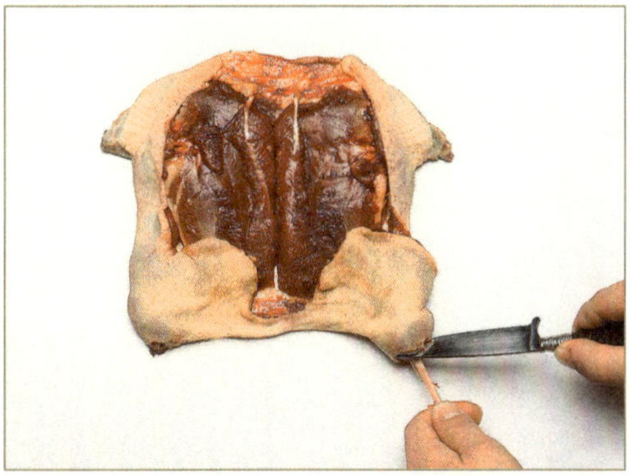

E_ Den Gabelknochen und die Oberschenkelbeine auslösen.

F_ Die entbeinte Ente von beiden Seiten salzen und innen mit der Farce bestreichen.

Fasanen-Galantine

FÜR 6 PERSONEN:

1 junger Hahn mit Leber
100 g Gehacktes vom Schwein
40 g durchwachsener Räucherspeck
40 g geputzte Steinpilze
40 g Schalotten
1 Ei
¼ l Riesling
gehackte Petersilie
Thymian
Salz
Pfeffer aus der Mühle
Butterschmalz

Fasan entbeinen (siehe Seite 130)

1_ Die Schalotten grob hacken, in Butterschmalz glasig braten und abkühlen lassen. Das Gehackte in eine Schüssel geben, die Steinpilze und den Räucherspeck in Würfel schneiden und dazugeben, Schalotten und Ei hinzufügen. Mit Petersilie, Thymian, Salz und Pfeffer würzen und gut vermischen.

2_ Den Fasan mit der Farce füllen und hinten und vorne mit kleinen Spießen verschließen. Die übrige Farce als Fleischpflanzerl ausbraten.

3_ In einem kleinen Bräter Butterschmalz zergehen lassen, den Hahn auf der Unterseite gut salzen und hineinlegen. Mit Butterschmalz oben einpinseln, wieder gut salzen und im Ofen etwa 75 Minuten braten. Nach 30 Minuten den Wein dazugeben und von Zeit zu Zeit übergießen.

4_ Die Galantine über Nacht stehen lassen. Zum servieren die Keulen und die Flügel abschneiden und die gefüllte Brust in Scheiben schneiden – am besten mit einem Elektromesser. Auf einer Platte mit marinierten Zwiebeln und Karotten anrichten und mit geröstetem Weißbrot servieren

Fasan für eine Galantine entbeinen

A_ Den Hahn ein Stunde vor Zubereitung aus dem Kühlschrank nehmen und bei Zimmertemperatur vorsichtig rupfen, da die Haut möglichst intakt bleiben soll.

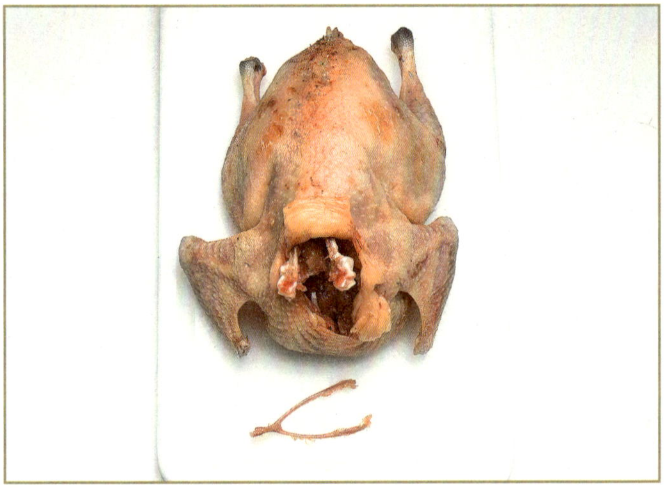

B_ Auf die Brust legen und die Schlüsselbeine von den Flügeln und dem Gerüst innen abtrennen. Anschließend den Gabelknochen freischaben und auslösen.

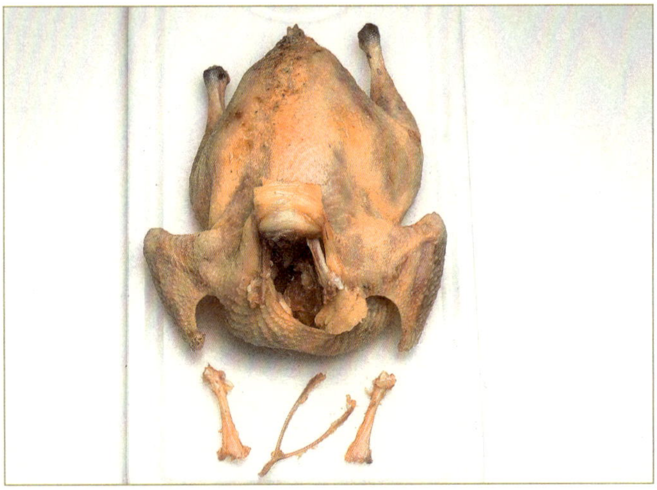

C_ Auch die Schlüsselbeine freischaben und abtrennen.

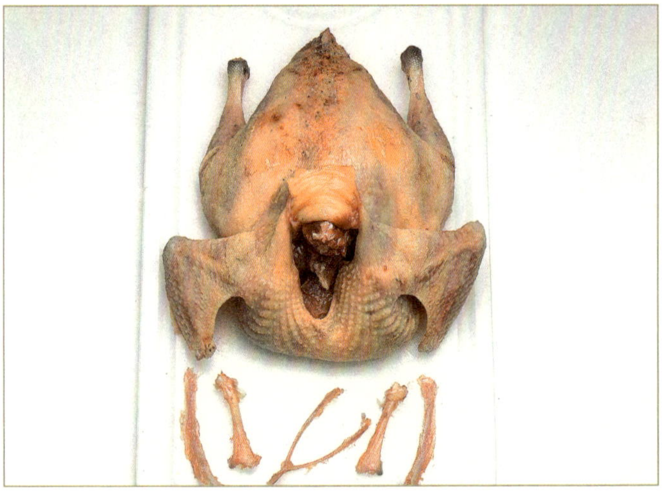

D_ Danach die Schulterblätter auslösen.

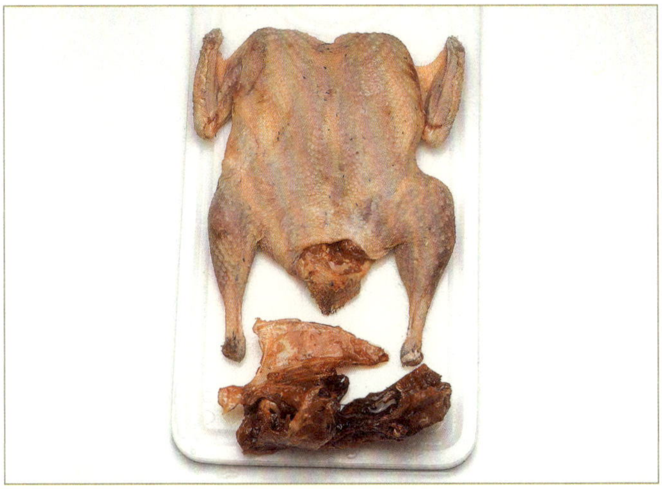

E_ Mit dem Messer den Rippen entlang fahren und vorsichtig den Rücken vom Gerüst lösen. Den Hahn umdrehen, die Haut vorsichtig vom Brustbein lösen. Die Oberschenkelbeine abtrennen und das Gerüst hinten freischaben. Vor dem Bürzel abzwicken und herausziehen.

F_ Zum Schluss auch die Oberschenkelbeine auslösen. Den entbeinten Hahn innen salzen.

G_ Die Keulen und die Flügel bleiben am entbeinten Fasan, sodass die gefüllte Galantine wie ein normaler Fasanbraten aussieht.

H_ Beim Braten schrumpft die Galantine. Deswegen darf sie nicht zu prall gefüllt werden, da sie sonst platzt.

Seezungen-Galantine

FÜR 6 PERSONEN:

300 g Seezungenfilet
400 g Räucherlachs
40 g geschälte Schalotten
50 g Sauerampfer
2 Scheiben Weißbrot ohne Rinde
1 Eigelb
6 EL Sahne
Muskat
Cayennepfeffer
Butter
2 l leichte Gemüsebrühe
Kerbel zum Garnieren

1_ Die Schalotten in Scheiben schneiden, in Butter glasig braten und abkühlen lassen. Die Stängel vom Sauerampfer entfernen, die Blätter ganz kurz blanchieren, auf Küchenkrepp abtropfen lassen und hacken.

2_ 200 g Räucherlachs und das Weißbrot in Streifen schneiden und in eine Schüssel geben. Die Schalotten, das Eigelb und die Sahne dazugeben. Mit Cayennepfeffer und Muskat würzen, nicht salzen, da das Salz vom Räucherlachs genügt. In der Küchenmaschine zu einer feinen Farce pürieren.

3_ Die Seezungenfilets nebeneinander und leicht überlappend auf eine doppelte Lage Alufolie legen, sodass die Galantine 20 cm lang wird. Die Lage Seezunge mit dem restlichen Räucherlachs bedecken, wobei 2½ cm von den Schwanzenden der Filets unbedeckt bleiben sollen. Die Lage Räucherlachs mit der fertigen Farce bestreichen und mithilfe der Folie die Galantine vom Kopfende zusammenrollen. In einer doppelten Schicht Alufolie einrollen und die Enden zudrehen.

4_ Die Brühe aufkochen und das eingewickelte Paket in dem leicht sprudelnden Sud 15 Minuten ziehen lassen, darin abkühlen lassen und mindestens 1 Stunde in den Kühlschrank stellen.

5_ Die Galantine mit einem Filetier- oder Elektromesser in Scheiben schneiden, mit Kerbel garnieren und mit geröstetem Weißbrot servieren.

Gefüllter Gänsekragen

FÜR 4 PERSONEN:

2 Wildganshälse
2 Wildganslebern
2 Wildgansherzen
100 g Gehacktes vom Schwein
50 g milder Frühstücksspeck
4 EL fein gewürfelter Katenschinken
4 EL grob gehackte Pistazien
6 Schalotten
2 Eigelb
2 EL Crème double
2 EL Semmelbrösel
2 TL edelsüßes Paprikapulver
2 TL Majoran
Salz
Cayennepfeffer
300 ml Geflügelfond
4 EL Riesling Auslese
Butter, Butterschmalz

1_ Jeweils die Haut der Hälse abziehen.

2_ Die Schalotten in Scheiben schneiden und in Butter glasig braten. Den Riesling und 4 EL Geflügelfond dazugeben, reduzieren, bis die Flüssigkeit fast verdampft ist, und kalt stellen.

3_ Die Lebern, die Herzen und den Frühstücksspeck in Streifen schneiden und mit dem Gehackten in eine Schüssel geben. Die Crème double, Eigelb und Semmelbrösel dazugeben, mit Salz, etwas Cayennepfeffer, Paprika und Majoran würzen. Die Schalotten drüberstreuen. Alles in der Küchenmaschine pürieren, die Pistazien und den Katenschinken dazugeben und gut vermischen.

4_ Die Haut der Hälse jeweils am Rumpfende zunähen und die Farce mit einer Spritztüte einfüllen. Am anderen Ende ebenfalls zunähen, salzen und von allen Seiten in Butterschmalz leicht anbraten. 1/8 l Geflügelfond dazugießen und im Ofen etwa 25 Minuten dünsten. Wenden und weitere 20 Minuten fertig dünsten.

5_ Den fertigen Kragen abkühlen lassen und mindestens zwei Stunden im Kühlschrank stehen lassen. Zum Servieren in Scheiben schneiden, mit Cornichons, Toast und Riesling Auslese servieren.

Forellen-Galantine

FÜR 8 PERSONEN:

1 See-, Bach- oder Regenbogenforelle von 3 kg
225 g Forellenfilet
100 g gepellte Garnelen
1 Zwiebel
1 ½ Scheiben Weißbrot vom Vortag
1 Ei, 1 Eigelb
120 g Sahne
Salz
weißer Pfeffer
frisches Basilikum
Butter, Öl

FÜR DIE BRÜHE:

2 Karotten
Weißes von 2 Stangen Lauch
1 Petersilienwurzel
1 Zwiebel
1 ½ l Wasser
etwas Thymian
1 ½ TL Zucker
1 ½ TL Salz
15 weiße Pfefferkörner
Butter

1_ Diese Galantine kann genauso gut mit Hecht oder Zander zubereitet werden. Bei einem kleineren Fisch kann man ihn einfach auf einem Backblech backen.

2_ Für die Farce die Zwiebel hacken, in Butter glasig braten und abkühlen lassen. Das Forellenfilet in Streifen schneiden und in eine Schüssel geben. Das Brot in Würfel schneiden und mit Ei, Eigelb und den abgekühlten Zwiebeln untermengen. Mit Sahne übergießen, salzen, pfeffern und kurz kalt stellen. Anschließend die Mischung in der Küchenmaschine fein pürieren. Die Garnelen in Stücke schneiden, 2 EL Basilikumblätter in Streifen schneiden und zusammen in die Farce einrühren.

3_ Das Gemüse für die Brühe putzen, in Scheiben schneiden und in einem großen Fischkessel mit Butter andünsten. Das Wasser dazugießen, Zucker, Salz, Pfeffer und Thymian hinzufügen, aufkochen und 15 Minuten köcheln lassen. Anschließend den Thymian entfernen und die Hitze bis zum Siedepunkt reduzieren.

4_ Die Forelle von oben ausnehmen (siehe Seite 139), Bauch-, Rücken- und Analflossen mit einer Küchenschere abschneiden, waschen und innen gut salzen. Den gelochten Einsatz des Kessels leicht einölen und den Fisch darauflegen. Die Bauchhöhle mit der Farce füllen, den Fisch wieder zusammenfalten und in den Kessel legen. Damit die Schwanzflosse nicht am Einsatz kleben bleibt, kann man eine halbierte Karotte darunterlegen. Etwa 45 Minuten ziehen lassen, wobei die Brühe nicht kochen darf, da das Fleisch sonst grau wird.

5_ Den Fisch kurz abtropfen und auf ein Brett gleiten lassen, mit Klarsichtfolie bedecken und über Nacht stehen lassen.

6_ Zum Servieren den Fisch in Scheiben schneiden – am besten mit einem Elektromesser – und mit grünem Spargel, Mayonnaise und geröstetem Weißbrot genießen. Ein großer Fisch sollte natürlich mit Kopf und Schwanz serviert werden, aber dazu braucht man eine sehr große Platte oder ein Brett!

Mayonnaise

FÜR DIE MAYONNAISE:
4 Eigelb
¼ l neutrales Öl
6 EL Weißweinessig
etwas Senf
frisches Basilikum
Salz
weißer Pfeffer

1_ Die Eigelbe mit der Küchenmaschine so lange schlagen, bis sie hellgelb werden und keine Bläschen mehr werfen.

2_ Das Öl tropfenweise dazugeben und weiterrühren. Kein weiteres Öl hinzufügen, bevor nicht der letzte Tropfen absorbiert ist. Nach und nach mehr Öl einrühren, bis die Mayonnaise steif geworden ist.

3_ Anschließend mit Senf, Essig, Salz und Pfeffer abschmecken und gehacktes Basilikum dazugeben.

Fisch von oben ausnehmen

A_ Von kurz vor der Schwanzwurzel bis zum Kopf mit einem spitzen Messer einen Schnitt entlang dem Rücken vornehmen.

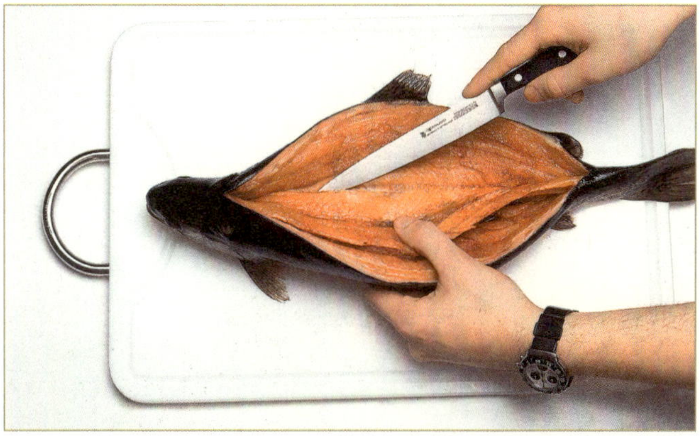

B_ Beidseitig entlang dem Rückgrat und den Rippen schneiden, dann vorsichtig das Bauchfell auslösen.

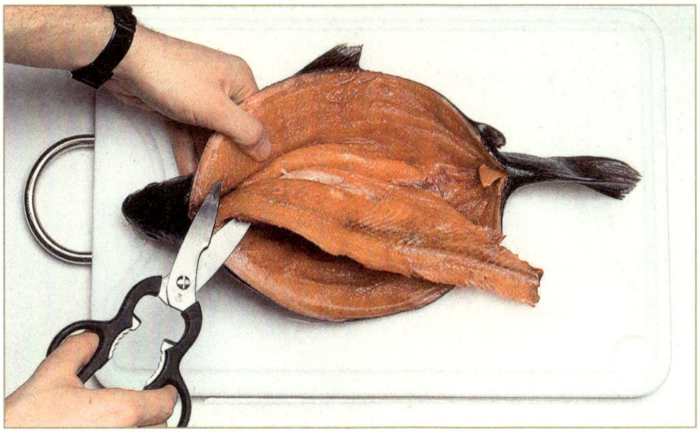

C_ Mit einer Geflügelschere das Rückgrat vorne und hinten durchtrennen. Anschließend das Rückgrat mit dem Inhalt der Bauchhöhle herausziehen.

D_ Anschließend die Kiemenbogen herausschneiden. Nun kann der Fisch gefüllt werden.

Piroggen

LECKERE TEIGTASCHEN FÜR ZWISCHENDURCH

Auf Russisch heißen sie »piroschki«, auf Englisch »pasties«, in Lateinamerika »empanadas«. Es sind kleine Teigtaschen, die mit Fleisch, Fisch oder Gemüse gefüllt und aus der Hand gegessen werden. Sie eignen sich gut zum Ausprobieren fantasievoller Füllungen und können auch mit tiefgefrorenem Blätterteig zubereitet werden. Die hier beschriebenen Rezepte werden jedoch mit Quarkteig gebacken.

Piroggen mit Edelkrebsen

FÜR 18 PIROGGEN:

1 Einheit Quarkteig (siehe Seite 57)

120 g geschälte Krebsschwänze
6 Schalotten
1 Eigelb
etwas Sahne
3 EL gezupfte Basilikumblätter
Salz
Pfeffer aus der Mühle
Butter

Dieses Rezept kann genauso gut mit Krevetten oder Nordseekrabben zubereitet werden.

1_ Den Teig herstellen (siehe Seite 57) und an einem kühlen Ort mindestens eine Stunde ruhen lassen.

2_ Die Schalotten in Scheiben schneiden und in Butter glasig braten. Die Pfanne von der Herdplatte nehmen, die Krebsschwänze dazugeben und mit Salz und Pfeffer würzen. Das Basilikum in feine Streifen schneiden, darüberstreuen und die Füllung gut vermischen.

3_ Den Teig ausrollen und Kreise von je 10 cm Durchmesser ausstechen. Ein Backblech mit Butter einfetten, die Teigstücke darauflegen und jeweils mit der Krebs-Schalotten-Mischung belegen. Das Eigelb mit etwas Sahne verquirlen und die Ränder damit einstreichen. Die Teigstücke zusammenfalten und die Ränder zusammendrücken. Die Piroggen mit der Ei-Sahne-Mischung einpinseln und im Ofen bei 180 °C Umlufthitze 35 Minuten goldbraun backen.

4_ Lauwarm zum Aperitif servieren. Sie schmecken jedoch auch kalt oder frisch aus dem Ofen.

Die Piroggen-Rohlinge auf ein gefettetes Blech legen und die Krebs-Schalotten-Mischung daraufgeben.

Aal-Piroggen

FÜR 15 PIROGGEN:

1 Einheit Quarkteig
(siehe Seite 57)

200 g Aalfilet
100 g Parmaschinken
1 Eigelb
etwas Sahne
frischer Salbei
Salz
Pfeffer aus der Mühle
Butter

1_ Den Teig herstellen (siehe Seite 57) und eine Stunde an einem kühlen Ort ruhen lassen.

2_ Die graue Innenhaut der Filets abziehen, den Fisch in dreieckige Stücke schneiden, salzen und eine Stunde stehen lassen.

3_ Den Teig dünn ausrollen und in Quadrate von je 12 cm Kantenlänge schneiden. Jeweils ein Stück Parmaschinken, ein Stück Aalfilet und ein Salbeiblatt darauflegen, sodass ein Rand von 1 cm frei bleibt. Nach belieben mit Salz und Pfeffer würzen.

4_ Das Eigelb mit Sahne verquirlen, die Ränder damit einpinseln und die Piroggen diagonal zusammenfalten. Die Ränder gut zusammendrücken.

5_ Ein Blech mit Butter einfetten, die Piroggen darauflegen und mit der Eigelb-Sahne-Mischung einpinseln. Im Ofen etwa 30 bis 40 Minuten bei 180 °C Umluftthitze goldbraun backen.

6_ Die Piroggen lauwarm zum Aperitif servieren.

Zu Aalpiroggen passt am besten Salbei, aber man kann sie auch mit Oregano würzen.

Sauerkraut-Piroggen

FÜR 12 PIROGGEN:

1 ½ Einheiten Quarkteig
(siehe Seite 57)

150 g Sauerkraut
1 rote Paprikaschote
1 Zwiebel
½ Glas Weißwein
1 Eigelb
etwas Sahne
1 TL süßes Paprikapulver
1 TL scharfes Paprikapulver
½ TL gemahlener Kümmel
etwas getrockneter Thymian
2–3 EL Crème fraîche
Öl, Butter

1_ Den Teig herstellen (siehe Seite 57) und eine Stunde an einem kühlen Ort ruhen lassen.

2_ Die Zwiebel in Scheiben schneiden und mit etwas Öl in einem kleinen Topf glasig braten. Das Sauerkraut dazugeben, mit Wein ablöschen und mit beiderlei Paprika und Kümmel würzen. Die Crème fraîche einrühren und die Flüssigkeit verdampfen lassen. Zum Schluss die Paprikaschote in Würfel schneiden, dazumischen und die Füllung abkühlen lassen.

3_ Ein Backblech mit Butter einfetten, den Teig in zwei Teilen ausrollen, 12 Kreise von 10 cm Durchmesser ausstechen und auf das Blech legen. Das Eigelb mit etwas Sahne verquirlen und die Teigränder damit einstreichen. Jeweils in der Mitte mit Sauerkraut belegen, 12 weitere Kreise ausstechen und darauflegen. Die Ränder fest zusammendrücken, die Oberseiten mit der Ei-Sahne-Mischung einpinseln und mit einer Prise Thymian bestreuen.

4_ Im Ofen 45 Minuten bei 180 °C Umlufthitze goldbraun backen und lauwarm servieren.

Dieses Rezept schmeckt auch, wenn man ein Stück Speck würfelt und in die Füllung gibt.

Piroggen mit Champignons

FÜR 12 PIROGGEN:

1 ½ Einheiten Quarkteig
(siehe Seite 57)

150 g kleine Champignons
75 g gekochter Schinken,
6 mm dick
1 kleine Zwiebel
1 Eigelb
Sahne
Petersilie
Salz
Pfeffer aus der Mühle
Butter

Zur »Schwammerlzeit« wird man die Piroggen natürlich mit Pfifferlingen oder Steinpilzen zubereiten!

1_ Den Teig herstellen (siehe Seite 57) und eine Stunde an einem kühlen Ort ruhen lassen.

2_ Die Champignons in Scheiben, den Schinken in kleine Würfel schneiden. Die Zwiebel hacken und in einem kleinen Topf mit Butter glasig braten. Die Champignons mit 2 EL Sahne dazugeben, mit Salz und Pfeffer würzen und die Flüssigkeit verdampfen lassen. Mit Petersilie bestreuen, den Schinken einrühren und alles abkühlen lassen.

3_ Ein Blech mit Butter einfetten. Den Teig ausrollen, 12 Kreise von 8 cm Durchmesser ausstechen und darauflegen. Das Eigelb mit etwas Sahne verquirlen und die Teigränder damit einstreichen. Jeweils in der Mitte mit Champignons belegen, Kreise von 10 cm Durchmesser ausstechen und darauflegen. Die Ränder zusammendrücken und mit den Zinken einer Gabel fest nachdrücken. Mit der Ei-Sahne-Mischung einpinseln und im Ofen bei 180 °C Umlufthitze 45 Minuten goldbraun backen.

4_ Die Piroggen lauwarm servieren.

Man kann anstelle der Champignons auch Waldpilze für die Füllung verwenden.

Piroggen mit Kaninchenfilet

FÜR 12 PIROGGEN:

1 ½ Einheiten Quarkteig (siehe Seite 57)

200 g Kaninchenfilet
1 Eigelb
etwas Sahne
½ Zitrone
frisches Basilikum
Salz, Pfeffer aus der Mühle
Butter, Butterschmalz

1_ Den Teig herstellen (siehe Seite 57) und eine Stunde an einem kühlen Ort ruhen lassen.

2_ Das Kaninchenfilet in Scheiben schneiden, mit Zitronensaft beträufeln und mit Butterschmalz in einer kleinen Pfanne anbraten. Salzen, pfeffern, mit in Streifen geschnittenen Basilikumblättern bestreuen und abkühlen lassen.

3_ Ein Blech mit Butter einfetten, den Teig ausrollen, 12 Kreise von 6 cm ausstechen und darauflegen.

4_ Das Eigelb mit etwas Sahne verquirlen und die Teigränder damit einstreichen. Jeweils in der Mitte mit einer Scheibe Kaninchenfilet belegen, Kreise von 8 cm ausstechen und darauf legen. Die Ränder zusammendrücken und mit den Zinken einer Gabel fest nachdrücken.

5_ Die Piroggen mit der Ei-Sahne-Mischung einpinseln, im Ofen bei 180 °C Umluftthitze 45 Minuten goldbraun backen und lauwarm servieren.

Anstelle der Kaninchenfilets kann die Füllung auch mit Hühnerfilet oder Wachtelbrüstchen hergestellt werden.

Cornish Pasties

FÜR 4 PASTIES:

1 ½ Einheiten Quarkteig (siehe Seite 57)

150 g gemischtes Hackfleisch
1 Scheibe durchwachsener Räucherspeck, 8 mm dick
1 kleine Zwiebel
1 Kartoffel
1 Karotte
3 EL gefrorenen Erbsen
1 Ei, 2 Eigelb
Sahne
Majoran
Petersilie
Salz, Pfeffer aus der Mühle
Butter

Cornish Pasties werden traditionell mit Rind-, Lammfleisch oder Fisch und Gemüse zubereitet. Es heißt, dass der einseitig starke Rand als Griff dienen sollte, damit die Bergarbeiter ihre Pasties unter Tag essen konnten, ohne die Hände vorher zu waschen.

1_ Den Teig herstellen (siehe Seite 57) und eine Stunde an einem kühlen Ort ruhen lassen.

2_ Das Hackfleisch in eine Rührschüssel geben. Die Zwiebel hacken, Kartoffel, Karotte und Speck in kleine Würfel schneiden. Mit den Erbsen und einem Ei zum Hackfleisch geben. Mit Salz, Pfeffer, gehackter Petersilie und Majoran würzen und gut vermischen.

3_ Den Teig ausrollen und mithilfe eines Tellers 4 Kreise von 20 cm Durchmesser ausschneiden. Jeweils in der Mitte mit einer Portion Füllung belegen. Das Eigelb mit etwas Sahne verquirlen und damit die Ränder einstreichen. Den Teig über die Füllung falten und an den Teigboden festdrücken, sodass ein Rand von 2 ½ cm außen frei bleibt. Den Rand nach innen falten und festdrücken.

4_ Ein Backblech mit Butter einfetten, die gefüllten Pasties darauflegen, mit der Ei-Sahne-Mischung einstreichen und etwa ein Stunde bei 180 °C Umlufthitze im Ofen goldbraun backen. Warm mit Salzkartoffeln und Wirsing oder kalt mit Kartoffelsalat servieren.

Wenn die Pasties mit Fisch zubereitet werden, nimmt man weniger Gemüse.

Chicken & Ham Pasties

FÜR 4 PASTIES:

1 ½ Einheiten Quarkteig (siehe Seite 57)

150 g Hühnerbrust
100 g gekochter Schinken, 8 mm dick
1 kleine Zwiebel
1 EL Crème fraîche
1 Eigelb
etwas Sahne
frischer Rosmarin
Salz, Pfeffer aus der Mühle
Butter

1_ Den Teig herstellen (siehe Seite 57) und mindestens eine halbe Stunde an einem kühlen Ort ruhen lassen.

2_ Die Hühnerbrust in Würfel von 1 cm, den Schinken in 8 mm große Würfel schneiden. Die Zwiebel hacken und in einem kleinen Topf mit Butter glasig braten. Die Hühnerbrust dazugeben, anschließend den Schinken und die Crème fraîche einrühren. Mit Salz, Pfeffer und etwas Rosmarin würzen, von der Herdplatte nehmen und abkühlen lassen.

3_ Den Teig in zwei Teilen ausrollen: Quadrate von 18 cm Kantenlänge ausschneiden und jeweils in der Mitte mit der abgekühlten Farce belegen. Das Eigelb mit etwas Sahne verquirlen und die Teigränder damit einstreichen. Die Ecken leicht überlappend über die Farce falten und mit der Ei-Sahne-Mischung einpinseln. Die Säume mit Teigresten abdecken und im vorgeheizten Ofen 50 Minuten goldbraun backen.

4_ Warm mit Salzkartoffeln und Erbsen oder kalt mit einem grünen Salat servieren.

Diese Pasties schmecken auch gut mit einer Füllung aus Lachs und Basilikum.

Potting

EINGEMACHTE KÖSTLICHKEITEN

›Potting‹ war ursprünglich eine Technik, um Fleisch und Fisch zu konservieren. Inzwischen hat der Segen der Tiefkühltruhe die Notwendigkeit eines solchen Verfahrens überflüssig gemacht. Der feine Geschmack von Brotaufstrichen und Terrinen, die mit Butter und Schmalz eingemacht wurden, gibt ›potted‹ Fleisch und Fisch aber auch heute noch seine Berechtigung.

Eingemachter Lachs

FÜR 6 PERSONEN:

250 g gedämpfter oder gebackener Lachs
75 g kalte gesalzene Butter
6 Schalotten
1 Bund Basilikum
Muskat
Weißer Pfeffer
Salz
Butter zum Braten

1_ Ein frisch gefangener Lachs sollte im Ganzen gedämpft oder gebacken werden. Wenn etwas übrig bleibt, können die Reste mit diesem Rezept schmackhaft verwertet werden.

2_ Die Schalotten in Scheiben schneiden, in Butter glasig braten und abkühlen lassen. Den Fisch in Streifen schneiden und die Schalotten darüber verteilen. Die gesalzene Butter würfeln und dazugeben. In der Küchenmaschine zu einer glatten Paste pürieren.

3_ Das Basilikum in Streifen schneiden und in die Paste einrühren. Mit Muskat, weißem Pfeffer und eventuell noch Salz abschmecken.

4_ Kalt stellen, aber bei Zimmertemperatur servieren – am besten mit Toast.

Eingemachte Shrimps

FÜR 4 PERSONEN:

250 g geschälte Nordseekrabben
6 geschälte Schalotten
Muskat
1 EL gehackte Basilikumblätter
Pfeffer aus der Mühle
200 g gesalzene Butter
Butterschmalz

1_ Die Schalotten hacken, in Butterschmalz glasig braten und abkühlen lassen.

2_ Die Krabben in eine kleine Terrine geben, die Schalotten und das Basilikum darüber verteilen, mit Muskat und Pfeffer würzen und gut vermischen.

3_ Die gesalzene Butter erhitzen und darübergießen, sodass die Krabben bedeckt sind. Für eine Stunde in den Kühlschrank stellen, bis die Butter wieder stockt.

4_ Bei Zimmertemperatur servieren – am besten mit Toast.

Eingemachter Fasan

FÜR 4 PERSONEN:

Brüste von einem jungen Hahn
6 geschälte Schalotten
1/8 l Hühnerbrühe
1 Scheibe Weißbrot ohne Rinde
1 Ei, 1 Eigelb
1 EL frisch geriebener Parmesan
1 TL gemahlener Steinpilzpuder
1 Bund Estragon
125 g kalte Butter
Salz, weißer Pfeffer
Butter zum Braten

1_ Die Fasanenbrüste in einer Pfanne von beiden Seiten in Butter leicht anbraten, die Brühe dazugießen, zudecken und etwa 15 Minuten langsam garen.

2_ Die Brüste in Streifen schneiden, salzen, mit dem Fond in eine Schüssel geben und abkühlen lassen. Die Schalotten in Scheiben schneiden, in Butter glasig braten, ebenfalls abkühlen lassen und dazugeben.

3_ Das Brot in Streifen schneiden und mit dem Ei, dem Eigelb und der kalten Butter dazugeben. Mit Parmesan, gemahlenem Steinpilzpuder, Estragon, Salz und Pfeffer würzen und in der Küchenmaschine zu einer feinen Konsistenz pürieren. Eventuell nachwürzen, mit Estragon dekorieren, kalt stellen und mit geröstetem Weißbrot servieren.

Taramas – Karpfenrogen-Mayonnaise

FÜR 6 PERSONEN:

150 g Karpfenrogen
75 g geschälte Schalotten
1 Scheibe Weißbrot ohne Rinde
3 EL passierte Tomaten
½ Zitrone
2 EL Wasser
625 ml Pflanzenöl
Salz, weißer Pfeffer

1_ Den Rogen waschen, das Häutchen entfernen, gut salzen und zwei Tage im Kühlschrank marinieren.

2_ Die Schalotten in Scheiben schneiden, mit etwas Öl glasig braten, abkühlen lassen und zum Rogen geben. Das Brot in Streifen schneiden, mit Wasser beträufeln und zusammen mit dem Rogen und den Schalotten in der Küchenmaschine zerkleinern, sodass eine geschmeidige Farce entsteht.

3_ Die Farce in eine Rührschüssel geben, tropfenweise Öl hinzufügen und gleichzeitig mit dem Handmixer rühren, sodass das Öl stets absorbiert ist, bevor der nächste Tropfen dazukommt. Wenn die Mischung zu einer steifen Mayonnaise gerührt ist, die passierten Tomaten dazugeben und mit Zitrone und Pfeffer abschmecken.

4_ Mit geröstetem Weißbrot oder Pitabrot und schwarzen Oliven servieren

Eingemachter Birkhahn

VORSPEISE FÜR 4 PERSONEN:

1 abgehangener Birkhahn mit Herz und Leber
2 Zwiebeln
½ Stange Lauch
1 Karotte
1 Scheibe Sellerie
¼ l Hühnerbrühe
½ Bund Blattpetersilie
½ Bund Thymian
8 Wacholderbeeren
1 Lorbeerblatt
Salz, Pfeffer aus der Mühle
Butterschmalz
250 g leicht gesalzene Butter

Man versucht natürlich, den ältesten Hahn zu schießen, und deswegen kann er durchaus zäh sein. Aber auch ein Methusalem wird weich, wenn man ihn lang genug dünstet. Soll er präpariert werden, kann man sich den Kern vom Präparator aufheben lassen.

1_ Den Hahn ausnehmen, die Schwinge und die Füße an den Gelenken abschneiden, den Kopf abtrennen, die Haut mit dem Gefieder abziehen und die Karkasse gut waschen.

2_ Das Gemüse klein schneiden und in einem Topf mit reichlich Butterschmalz anbraten. Den Hahn halbieren, salzen, pfeffern und darauflegen. Mit Brühe ablöschen. Herz, Leber und Kräuter sowie Wachholderbeeren dazugeben, mit dem Deckel verschließen und im Ofen 3 bis 4 Stunden dünsten, bis sich das Fleisch von den Knochen leicht abtrennen lässt. Mehrmals übergießen und eventuell Brühe nachgießen. Das Fleisch in Streifen schneiden und in eine Terrine legen.

3_ Den Fond abseihen und das Gemüse und die Kräuter evtl. für den nächsten Tag aufheben. Die Flüssigkeit reduzieren, bis nur noch Fett übrig bleibt. Das Fett mit den Fleischstreifen vermischen, mit zerlassener salziger Butter übergießen, sodass die Mischung bedeckt wird und mit etwas Thymian dekorieren. Mit geröstetem Weißbrot servieren.

Nach diesem Rezept kann man auch die berühmten schottischen Moorhühner zubereiten.

Eingemachte Wildente

FÜR 6 PERSONEN:

2 küchenfertige Stockenten (oder große Hausente)
½ Stange Lauch
1 Karotte
2 Petersilienwurzeln
3 Zwiebeln
1 Glas Weißwein
1/8 l Geflügelbrühe
1 Bund Thymian
Salz, Pfeffer aus der Mühle
300 g Enten- oder Gänseschmalz

1_ Den Enten die Fettdrüsen am Bürzel entfernen, innen gut salzen, mit einer halbierten Zwiebel und etwas Thymian füllen und mit einem kleinen Spießchen verschließen.

2_ Die Unterseiten salzen, mit den Brüsten nach oben in einen Bräter legen und die Rücken anbraten. Die Brüste mit Salz und Pfeffer würzen, ein Glas Wein und die Brühe dazugießen. Das Gemüse in Stücke schneiden und mit einem Thymiansträußchen dazugeben.

3_ Im Ofen etwa zwei Stunden bei 180 °C Umlufthitze zugedeckt braten und zum Schluss 15 Minuten ohne Deckel bräunen.

4_ Die Brüste mit Haut sowie das restliche Entenfleisch auslösen und in eine Terrine legen. Eventuell mit Salz und Pfeffer nachwürzen. Die restliche Haut in Streifen schneiden und als Grieben in Schmalz ausbraten.

5_ Die Flüssigkeit der Bratensauce reduzieren, das Gemüse entfernen und das verbleibende Fett über die Entenstücke verteilen. Das Entenschmalz zerlassen, die Terrine damit auffüllen und mit Thymian dekorieren. Über Nacht in den Kühlschrank stellen, vor dem Servieren einige Stunden bei Zimmertemperatur stehen lassen.

6_ Mit Grieben bestreuen und mit Holzofenbrot servieren.

Eingemachte Schnepfe

FÜR 2–3 PERSONEN:

1 abgehangene Waldschnepfe
6 Schalotten
½ Stange Lauch
½ Karotte
1 kleine Scheibe Sellerie
3 kleine rote Chilis
8 getrocknete Morcheln
375–500 ml Hühnerbrühe
frischer Majoran
Petersilie
Salz
Butterschmalz
150 g leicht gesalzene Butter

Auf der Treibjagd kommen sie meistens nur einzeln vor, und eine gebratene Schnepfe reicht maximal für eine Person. Dieses Gericht hingegen kann als Vorspeise für mehrere Personen dienen.

1_ Die Schwinge und die Füße an den Gelenken abschneiden, die Schnepfe rupfen und gut waschen.

2_ Das Gemüse klein schneiden und in einem Topf mit reichlich Butterschmalz anbraten. Die Schnepfe innen und außen salzen und darauflegen. Mit Brühe ablöschen und die Kräuter, Morcheln und Chilis dazugeben. Mit dem Deckel verschließen und 2 bis 3 Stunden dünsten, bis das Fleisch von den Knochen fällt. Nach einer Stunde die Chilis und die Morcheln entfernen, die Morcheln aufheben. Während des Dünstens die Schnepfe mehrmals übergießen und Brühe nachgießen.

3_ Das fertig gedünstete Fleisch in Streifen schneiden und in eine Terrine legen. Die Morcheln in Scheiben schneiden und dazugeben. Den Fond abseihen und die Flüssigkeit reduzieren, bis nur Fett übrig bleibt. Das Fett mit den Fleischstreifen vermischen, mit zerlassener Butter übergießen, sodass die Mischung bedeckt ist, und mit etwas Majoran dekorieren.

4_ Mit Toast und einer Riesling Auslese servieren.

Wenn man möchte, kann man auch den »Schnepfendreck« (Eingeweide) dazunehmen.

Enten-Rillettes

FÜR 4 PERSONEN:

1 Stockente
(oder kleine Hausente)
½ Stange Lauch
2 Zwiebeln
1 Scheibe Sellerie
1 Petersilienwurzel
2 EL getrocknete Steinpilze
¾ l Geflügelbrühe
½ Bund Thymian
2 kleine rote Chilis
Salz, Cayennepfeffer
150–200 g Gänseschmalz

Rillettes werden hauptsächlich aus Gans- oder Schweinefleisch hergestellt, aber mit Wildentenfleisch ist dieser Brotaufstrich besonders fein im Geschmack. Sie können dieses Rezept jederzeit auch mit einer halben Wildgans zubereiten.

1_ Das Gemüse in Scheiben oder Würfel schneiden und in einem Schmortopf mit Schmalz andünsten. Die Ente halbieren, jeweils den Bürzel entfernen, salzen und mit den Pilzen dazugeben. Mit Brühe übergießen, sodass alles bedeckt ist, den Thymian und die Chilis dazugeben. Etwa zwei Stunden zugedeckt garen, bis das Fleisch von den Knochen fällt. Den Thymian und die Chilis entfernen.

2_ Die Haut abziehen, das Fleisch mit zwei Gabeln zerteilen und in eine Schüssel geben. Die Kochflüssigkeit abseihen und reduzieren. Das zurückbleibende Fett zum Fleisch geben und gut vermengen. Eventuell mit Cayennepfeffer und Salz abschmecken, dann mit zerlassenem Schmalz aufgießen, sodass das Fleisch ganz bedeckt ist. Anschließend für einige Stunden in den Kühlschrank stellen.

3_ Bei Zimmertemperatur als Brotaufstrich mit Holzofenbrot und Cornichons servieren.

Desserts

SÜSSE PIES UND GELEES

Sülzen und Pies gibt es nicht nur in der salzigen, sondern auch in der süßen Variante. Vor allem nach einem Fisch- oder Wildessen sind Pies oder Gelees, mit Früchten der Jahreszeit, immer die passendsten Nachspeisen. Den Geschmacksvorlieben sind dabei so gut wie keine Grenzen gesetzt.

Waldbeeren in Gelee

FÜR 6 PERSONEN:

700 g gefrorene Waldbeeren
700 ml Riesling Auslese (oder Spätlese)
4 Päckchen gemahlene Gelatine (36 g)
Zucker
Minze & Brombeeren zur Dekoration

1_ Die Beeren auftauen und nach Belieben zuckern.

2_ Den Wein mit der Gelatine unter ständigem Rühren erhitzen, bis sich die Gelatine völlig aufgelöst hat, dann abkühlen lassen. Eine Ringform für 5 bis 10 Minuten ins Gefrierfach stellen, dann die flüssige Gelatine in der Form hin und her schwenken, bis sie anfängt zu stocken. Die Form für einige Minuten zurück ins Gefrierfach stellen und den Vorgang mehrmals wiederholen, bis sich eine Schicht von 3 bis 4 mm Dicke auf der Innenseite der Form gebildet hat. Die gemischten Beeren einfüllen und mit Gelatine übergießen, sodass die Beeren bedeckt sind.

3_ Die Form 1 Stunde im Kühlschrank stehen lassen, dann kurz in ein heißes Wasserbad tauchen und die Sülze auf eine Platte stürzen. Mit Brombeeren und Minze dekorieren und mit Schlagsahne servieren.

Rhabarber Pavlowa

FÜR 4 PERSONEN:

4 Eiweiß
150 g Zucker
2 Päckchen Vanillezucker
2 TL Stärke
½ TL Weißweinessig
500 g Rhabarber
150 g Sahne
Zucker

1_ Dieses klassische Dessert wird sonst mit Erdbeeren zubereitet. Der leicht säuerliche Geschmack von Rhabarber verleiht diesem Gericht jedoch eine raffiniertere Note.

2_ Das Eiweiß ganz steif schlagen, anschließend 150 g Zucker, Stärke und Essig einrühren. Einen Kreis von 22–24 cm Durchmesser und 1 ½ cm Höhe auf ein mit Backpapier ausgelegtes Blech streichen. Mit einer Spritztüte einen Rand daraufsetzen und im Ofen bei 100 °C etwa 75 Minuten backen. Dabei darf die Baisermasse innen noch etwas klebrig bleiben. Gut abkühlen lassen.

3_ Die Sahne steif schlagen und den Vanillezucker einrühren. Den Rhabarber in Stücke schneiden, gut zuckern, leicht dünsten und abkühlen lassen. Bis auf einige Stücke zum Dekorieren mit der Sahne vermischen. Die Baiserform damit füllen und zum Schluss dekorieren.

Erdbeeren in Holunderblüten-Gelee

FÜR 6 PERSONEN:

750 g reife Erdbeeren
100 ml Holunderblütensirup
250 ml Wasser
1 Zitrone
2 Päckchen gemahlene Gelatine (18 g)
frische Minze

1_ Die Erdbeeren auf einer Platte mit einem kleinen Rand verteilen.

2_ Den Sirup mit Wasser, Zitronensaft und Gelatine unter ständigem Rühren erhitzen, bis sich die Gelatine völlig aufgelöst hat. In einem kalten Wasserbad abkühlen lassen und über die Erdbeeren gießen.

3_ Im Kühlschrank eine Stunde stehen lassen, mit Minze dekorieren und mit Shortbread oder Butterplätzchen servieren.

Holundersirup kann man fertig im Supermarkt kaufen. Aber im Juni, zur Zeit der Blüte, ist er auch einfach selbst herzustellen:

FÜR 2 LITER SIRUP:

25 Holunderblütendolden
50 g Zitronensäure
1 ½ kg Zucker
2 unbehandelte Zitronen
1 ½ l Wasser

1_ Die Zitronen in Scheiben schneiden, mit Zitronensäure, Zucker und Wasser aufkochen und abkühlen lassen.

2_ Die Blüten vorsichtig waschen, abschütteln und bei Zimmertemperatur 3 Tage in der Zitronen-Zucker-Mischung stehen lassen.

3_ Durch ein Tuch abseihen und in sterilisierte Flaschen abfüllen.

Apple & Blackberry Pie

FÜR 4–6 PERSONEN:

1 Einheit Quarkteig (ohne Parmesan – siehe Seite 57)

1200 g Äpfel
300 g Brombeeren
1 Mango
3 Nelken
Zucker

1_ Den Teig herstellen (siehe Seite 57) und eine Stunde an einem kühlen Ort ruhen lassen.

2_ Die Äpfel und die Mango schälen, in Stücke schneiden und eine Quicheform von 28 cm Durchmesser damit auslegen. Die Brombeeren darüber verteilen, gut zuckern und die Nelken dazugeben.

3_ Den Teig ausrollen, davon einige 3 cm breite Streifen abschneiden und rundherum an den Rand der Form drücken. Den Teigrand mit Wasser einpinseln, einen Kreis, der etwas größer als die Form ist, ausschneiden und mithilfe des Nudelholzes darauflegen. Die Ränder andrücken und mit einer Küchenschere den überstehenden Teig abschneiden, wobei der Deckel etwa 15 mm über den Rand stehen sollte.

4_ Zwei Dampfschlitze in den Teigdeckel schneiden, mit Wasser einpinseln, zuckern und etwa eine Stunde im Ofen bei 180 °C Umlufthitze goldgelb backen.

5_ Am besten schmeckt die Pie ganz frisch aus dem Ofen – oder auch kalt. Die Pie wird traditionell mit Crème double serviert, aber Schlagsahne ist natürlich auch erlaubt.

Diese Pie ist ein klassisches englisches Herbstgericht, aber sie schmeckt auch bestens später im Jahr, wenn es keine Brombeeren mehr gibt. Dann kann man diese ohne Weiteres durch Rosinen ersetzen. Am besten nimmt man Äpfel, die eine säuerliche Note haben, oder gibt einen Schuss Zitronensaft dazu.

Marillen-Pie

FÜR 6 PERSONEN:

1 Einheit Quarkteig (ohne Parmesan – siehe Seite 57)

1200 Marillen (Aprikosen)
3 Nelken
Zucker

Marillen sind die österreichischen Aprikosen, die an Spalierbäumen an der Südseite vieler Landhäuser wachsen. Sie werden erst in August reif, haben oft »Sommersprossen«, sind fest im Fleisch und der Kern lässt sich ganz leicht auslösen. Außerdem sind sie besonders fein im Geschmack!

1_ Den Teig herstellen (siehe Seite 57) und eine Stunde an einem kühlen Ort ruhen lassen.

2_ Die Marillen in Stücke schneiden und eine Quicheform von 28 cm Durchmesser damit auslegen. Die Nelken dazugeben und alles nach Geschmack zuckern.

3_ Den Teig ausrollen, davon einige 3 cm breite Streifen abschneiden und rundherum an den Rand der Form drücken. Den Teigrand mit Wasser einpinseln, einen Kreis, der etwas größer als die Form ist, ausschneiden und mithilfe des Nudelholzes darauflegen. Die Ränder andrücken und mit einer Küchenschere den überstehenden Teig abschneiden, wobei der Deckel etwa 15 mm über den Rand stehen sollte.

4_ Zwei Dampfschlitze in den Teigdeckel schneiden, mit Teigresten dekorieren und mit Wasser einpinseln, zuckern und etwa eine Stunde im Ofen bei 180 °C Umlufthitze goldgelb backen. Am besten isst man die Pie frisch aus dem Ofen, aber kalt schmeckt sie auch.
Mit Crème double oder Schlagsahne servieren.

Die Marillen in Stücke schneiden, in die Form legen und nach Bedarf zuckern.

Die Pie schmeckt kalt oder warm mit Creme double oder Schlagsahne.

Pie mit Stachelbeeren

FÜR 6 PERSONEN:

1 Einheit Quarkteig (ohne Parmesan – siehe Seite 57)

850 g Stachelbeeren
1 Ei, 2 Eigelb
3 EL Sahne
2 EL Mehl
1 EL gehackte Minze
Zucker

1_ Den Teig herstellen (siehe Seite 57) und eine Stunde im Kühlschrank ruhen lassen.

2_ Die Stachelbeeren putzen und in eine Quicheform von 28 cm Durchmesser füllen. Die Sahne mit dem Ei, Eigelb und Mehl verquirlen und darübergießen. Gut zuckern und die Minze darüberstreuen.

3_ Den Teig ausrollen, davon einige 3 cm breite Streifen abschneiden und rundherum an den Rand der Form drücken. Den Teigrand mit Wasser einpinseln, einen Kreis, der etwas größer als die Form ist, ausschneiden und mithilfe des Nudelholzes darauf legen. Die Ränder andrücken und mit einer Küchenschere den überstehenden Teig abschneiden, wobei der Deckel etwa 15 mm über den Rand stehen sollte.

4_ Zwei Dampfschlitze in den Teigdeckel schneiden, mit Wasser einpinseln, zuckern und etwa eine Stunde im Ofen bei 180 °C Umluftthitze goldgelb backen.

5_ Am besten schmeckt die Pie ganz frisch aus dem Ofen – oder auch kalt. Nach Belieben mit Crème double oder Schlagsahne servieren.

Man kann grüne oder rote Stachelbeeren dazu nehmen, aber die grüne Minze darf nicht fehlen.

Tarte mit Reineclaude-Pflaumen

FÜR 6 PERSONEN:

1 Einheit Quarkteig (ohne Parmesan – siehe Seite 57)

1 kg Reineclaude-Pflaumen
1 EL Vanillezucker
Zucker
Butter

1_ Den Teig herstellen (siehe Seite 57) und eine Stunde an einem kühlen Ort ruhen lassen. Die Pflaumen halbieren und entkernen.

2_ Eine Tarteform von 26 cm Durchmesser mit Butter einfetten. Den Teig ausrollen, die Form damit auslegen und die überhängenden Teigränder abrollen. Den Teigboden mit halbierten Pflaumen belegen und mit Vanillezucker bestreuen.

3_ Mit dem Teigrad aus den Resten Teigstreifen schneiden und die Tarte mit einem Gitter dekorieren. Leicht zuckern und im Ofen etwa 50 Minuten backen. Mit Crème double oder Schlagsahne servieren.

Tarte mit Zwetschgen

FÜR 6 PERSONEN:

1 Einheit Quarkteig (ohne Parmesan – siehe Seite 57)

850 g Zwetschgen
Zucker
Butter

1_ Den Teig herstellen (siehe Seite 57) und eine Stunde an einem kühlen Ort ruhen lassen.

2_ Eine runde Blechform mit Butter einfetten, den Teig ausrollen und einen Kreis, etwa 8 cm größer als die Form, ausschneiden. Die Form damit auslegen und den Teig am Boden und an den Rändern andrücken. Anschließend die überhängenden Teigreste mit dem Nudelholz abrollen.

3_ Die Zwetschgen waschen, entkernen und in Halbmondscheiben schneiden. Die Form damit füllen, gut zuckern und im Ofen etwa 50 Minuten bei 180 °C Umlufthitze backen. Warm oder kalt mit Schlagsahne servieren.

Erdbeer-Tarte

FÜR 6 PERSONEN:

1 Einheit Quicheteig (siehe Seite 83)

750 g Erdbeeren
10 cl heiße Milch
150 g Sahne
1 Ei, 1 Eigelb
2 Päckchen Vanillezucker
1 Päckchen gemahlene Gelatine
1 Tasse Johannisbeergelee
1 cl Himbeergeist (oder Kirschwasser)
500 g Trockenerbsen
Butter

1_ Den Teig herstellen (siehe Seite 57) und eine Stunde an einem kühlen Ort ruhen lassen.

2_ Eine Quicheform mit herausnehmbarem Boden mit Butter einfetten, den Teig ausrollen und einen Kreis, etwa 8 cm größer als die Form, ausschneiden. Die Form damit auslegen und den Teig am Boden und an den Rändern andrücken. Anschließend die überhängenden Teigreste mit dem Nudelholz abrollen.

3_ Den Teigboden mit einer Gabel in einem regelmäßigen Muster anstechen, ohne durchzustechen, und dann 15 Minuten in den Kühlschrank stellen.

4_ Den Teig mit einer eingefetteten Alufolie zudecken, die an Boden und Rand festgedrückt wird. Die Quiche 15 Minuten im Ofen anbacken, die Folie entfernen und weitere 10 Minuten backen, bis der Teig anfängt, Farbe anzunehmen. Mit Trockenerbsen füllen, etwa 35 Minuten »blind backen« (siehe Seite 94), die Erbsen entfernen und abkühlen lassen.

5_ Ei, Eigelb, Vanillezucker und Gelatine in einem kleinen Topf verquirlen, die heiße Milch dazugeben und bei mittlerer Hitze so lange rühren, bis die Creme glatt wird.

6_ Die Sahne schlagen und vorsichtig in die abgekühlte Masse einrühren. Den Teigboden damit füllen und in den Kühlschrank stellen, bis die Eiercreme fest wird. Anschließend die Erdbeeren in einem Muster darauf verteilen.

7_ Zum Schluss das Johannisbeergelee mit dem Himbeergeist erhitzen, leicht abkühlen lassen, über die Erdbeeren löffeln und im Kühlschrank gelieren lassen.

Rezeptliste

Pasteten

Grundteig 11

Hasenpastete 12

Rehpastete 16

Fasanenpastete 18

Perlhuhnpastete 20

Kaninchenpastete 22

Wildpastete vom Blech 24

Wildschweinpastete 26

Entenpastete 28

Terrinen

Hechtterrine mit Riesengarnelen 32

Lachsterrine 34

Zanderterrine mit Räucherlachs 36

Wildleberterrine 38

Frischlingsterrine mit Haselnüssen 40

Kaninchenterrine mit Totentrompeten 42

Fasanenterrine mit Krevetten 44

Wachtelterrine 46

Rebhuhnterrine 48

Ententerrine mit Kumquat-Gelee 50

Waldpilzterrine 52

Pies – warme Pasteten

Grundteig 56

Pigeon Pie 58

Venison & Kidney Pie 60

Pie mit Hasenrücken 62

Frischlingsfilet im Teigmantel 64

Frischlingsrücken im Brotteig 66

Hubertus-Pie 68

Sheperd's Pie 70

Pie mit Hecht 72

Kaninchen Pie mit Quitten 74

Rebhuhn-Pie 76

Lachs im Teigmantel 78

Quiches

Grundteig 82

Quiche mit Lachs 84

Quiche mit Jakobsmuscheln 86

Quiche mit Krevetten 88

Quiche mit Zander 90

Quiche mit Edelkrebsen 92

Quiche mit mariniertem Gemüse 94

Quiche mit Kaninchen 96

Steinpilzgratin 98

Sülzen und Mousses

Hirschsülze mit Wachteleiern 102

Sülze vom kalten Rehbraten 104

Rahmsülze mit Gemüse 106

Mousse vom Zander 108

Rahmsülze mit Hummer und Lachs 110

Mousse vom heiß geräucherten Lachs 112

Lachs-Mousse mit Kaviar 114

Forellen-Mousse mit Gemüse 116

Aal in Gelee 118

Räucherlachs-Torte 120

Galantinen

Wildenten-Galantine 124

Fasanen-Galantine 128

Seezungen-Galantine 132

Gefüllter Gänsekragen 134

Forellen-Galantine 136

Piroggen

Piroggen mit Edelkrebsen 142

Aal-Piroggen 144

Sauerkraut-Piroggen 146

Piroggen mit Champignons 148

Piroggen mit Kaninchenfilet 150

Cornish Pasties 152

Chicken & Ham Pasties 154

Pottings

Eingemachter Lachs 158

Eingemachte Shrimps 159

Eingemachter Fasan 160

Taramas – Karpfenrogen-Mayonnaise 161

Eingemachter Birkhahn 162

Eingemachte Wildente 164

Eingemachte Schnepfe 166

Enten-Rillette 168

Desserts

Waldbeeren
in Gelee 172

Rhabarber Pavlowa 173

Erdbeeren in Holunder-
blüten-Gelee 174

Apple &
Blackberry Pie 176

Marillen-Pie 178

Pie mit
Stachelbeeren 180

Tarte mit Reine-
claude-Pflaumen 182

Tarte mit
Zwetschgen 183

Erdbeer-Tarte 184

Über den Autor

Francis Ray Hoff widmete sich nach einem abgebrochenen Wirtschaftsstudium an der School of Economics in London seiner Leidenschaft der Fotografie. 1986 gewann er den begehrten Kodak-Preis mit seinem ersten Harry's Bar Kalender. Heute besitzt er ein eigenes Fotostudio in München. Als passionierter Jäger, Angler und leidenschaftlicher Koch kreierte er Wild- und Fischrezepte, die er in vielen Büchern und Jagdzeitschriften mit eigenen Fotos veröffentlichte, u. a. kochte er auch für den Fernsehsender Seasons.

Impressum

Bibliografische Information der Deutschen Nationalbibliothek
Die Deutsche Nationalbibliothek verzeichnet diese Publikation in der Deutschen Nationalbibliografie; detaillierte bibliografische Daten sind im Internet über http://dnb.d-nb.de abrufbar.

BLV Buchverlag
GmbH & Co. KG
80797 München

Bildnachweis: Alle Fotos stammen vom Verfasser mit Ausnahme von: Christian Jung – Fotolia.com: S.140; photocrew – Fotolia.com: S.170; mauritius images/ age: S. 8, 54; mauritius images/ Krabs, Michael: S. 122; mauritius images/ Schäfer, Winfried: S. 30 mauritius images/ Schuyl, Malcolm: S.156; StockFood.com / Eising Studio - Food Photo & Video: S. 2/3; StockFood.com / Lindeblad, Matilda: S. 80; StockFood.com / Smith, Peter Howard: S.100; StockFood.com / Winkelmann, Bernhard: S. 4

Umschlagkonzeption: Kochan & Partner, München
Umschlagfotos: (Vorderseite) Stockfood/Eising Studio (Rückseite) Francis Ray Hoff

Lektorat: Alexandra Stronski, Christa Klus-Neufanger
Herstellung: Ruth Bost
Layoutkonzept Innenteil: griesbeckdesign, München
Satz und Layout: griesbeckdesign, München

Printed in Germany
ISBN 978-3-8354-0915-6

Hinweis
Das vorliegende Buch wurde sorgfältig erarbeitet. Dennoch erfolgen alle Angaben ohne Gewähr. Weder Autor noch Verlag können für eventuelle Nachteile oder Schäden, die aus den im Buch vorgestellten Informationen resultieren, eine Haftung übernehmen.